¡El N.° 1 recomendado por los profesores!

GRADOS EN TRANSICIÓN
4° a 5°

Carson Dellosa Education
Greensboro, North Carolina

Summer Bridge®
An imprint of Carson Dellosa Education
PO Box 35665
Greensboro, NC 27425 USA

ISBN 978-1-4838-6531-7

01-046221151

Índice

Cómo aprovechar al máximo las *Summer Bridge Activities® para Hispanohablantes*

Este libro ayudará a tu hijo a repasar los conocimientos aprendidos en cuarto grado y a anticiparse a las habilidades requeridas para el quinto grado. En su interior encontrarás muchos recursos que animarán a tu hijo a practicar, aprender y crecer mientras se adelanta al nuevo año escolar.

Solo 15 minutos al día
... es todo lo que se necesita para mantenerse en forma con las actividades de aprendizaje de cada día de la semana ¡durante todo el verano!

Organización mes por mes

Tres secciones codificadas por colores corresponden a los tres meses de vacaciones de verano. Cada mes comienza con una actividad de establecimiento de objetivos y una actividad de refuerzo de vocabulario. También encontrarás una introducción a la sección de acondicionamiento físico y de desarrollo del carácter.

Actividades diarias

Proporcionamos dos páginas de actividades para cada día de la semana. Completarlas toma unos 15 minutos. Las actividades abarcan matemáticas, comprensión lectora, redacción, gramática y más.

Apartados especiales

ACONDICIONAMIENTO FÍSICO: Ejercicios rápidos para desarrollar la fuerza, la flexibilidad y la aptitud física.

PRUEBA DE CARÁCTER: Ideas para desarrollar la amabilidad, la honestidad, la tolerancia y más.

DATO: Datos curiosos.

Muchas características adicionales
... ¡se adaptan a las necesidades e intereses de tus hijos!

Actividades adicionales

Las actividades de estudios sociales exploran lugares, mapas y mucho más, y son el complemento perfecto para los viajes de verano. Los experimentos científicos invitan a tu hijo a interactuar con el mundo y a desarrollar el pensamiento crítico.

¡Vamos afuera!

Una colección de divertidas ideas para observar, explorar y aprender al aire libre, además de juegos para cada mes del verano.

Tarjetas de desarrollo de habilidades

Recorta las tarjetas que están en la parte posterior del libro. Guárdalas en una bolsa con cremallera o haz un agujero en cada una de ellas y ensártalas en una anilla. Lleva las tarjetas contigo para practicar sobre la marcha.

¡Dale esos cinco
... a tu hijo por un trabajo bien hecho!

Estrellas

Usa las calcomanías de estrellas que están al final del libro. Coloca una en el espacio provisto al final de cada día de actividades cuando las páginas hayan sido completadas.

Reconocimiento y recompensas

Al terminar las actividades de aprendizaje de la semana o del mes, ofrécele a tu hijo una recompensa. Puede ser un regalo especial, una salida o pasar tiempo juntos. Reconoce el progreso que ha hecho.

Certificado de finalización

Al terminar el verano, completa y presenta el certificado que aparece al final del libro. Felicita a tu hijo por haberse preparado para el siguiente año escolar.

Matriz de habilidades

Día	Suma	Análisis de datos	División	Acondicionamiento físico y educación del carácter	Fracciones	Geometría	Gramática	Lengua y literatura	Medidas	Práctica mixta de matemáticas	Multiplicación	Acertijos	Comprensión lectora	Ciencia	Estudios sociales	Resta	Tiempo y dinero	Vocabulario	Problemas de palabras	Escritura
1				★				★		★										
2								★			★		★							
3							★	★		★							★			
4						★		★					★							
5							★	★		★										
6							★	★		★										
7					★								★							★
8							★	★	★											
9							★						★				★			
10								★			★				★			★		
11			★				★	★	★			★								
12	★						★		★			★								
13				★			★						★							
14					★	★		★											★	
15					★	★										★				★
16					★			★		★										
17								★					★					★		
18								★	★											★
19								★					★					★	★	
20				★	★										★					
¡PÁGINAS EXTRA!				★									★	★	★					★
1				★				★												★
2			★					★	★		★									
3					★			★										★		
4								★					★							★
5		★						★			★									
6								★			★		★							
7								★			★									
8			★							★				★				★		
9			★					★												★
10					★								★	★						
11						★		★			★		★							

Matriz de habilidades

Día	Suma	Análisis de datos	División	Acondicionamiento físico y educación del carácter	Fracciones	Geometría	Gramática	Lengua y literatura	Medidas	Práctica mixta de matemáticas	Multiplicación	Acertijos	Comprensión lectora	Ciencia	Estudios sociales	Resta	Tiempo y dinero	Vocabulario	Problemas de palabras	Escritura
12								★			★		★							
13			★	★			★													
14		★		★				★												★
15								★		★			★							
16							★	★							★					
17					★								★					★		
18								★		★										★
19					★		★			★										★
20							★	★											★	★
¡PÁGINAS EXTRA!		★												★	★					★
1				★			★						★							
2					★			★				★								
3										★			★							★
4					★				★					★				★		
5		★											★							
6										★			★							★
7								★											★	★
8						★		★					★							
9		★						★		★								★		
10								★	★					★						
11								★	★				★							
12								★		★										★
13									★									★		
14							★						★							★
15						★		★					★							
16						★		★									★			
17				★					★										★	★
18								★		★			★							
19		★		★				★												
20												★	★							
¡PÁGINAS EXTRA!			★											★	★					★

Lectura de verano para todos

La lectura es la habilidad más importante para el éxito escolar. Los expertos recomiendan que los estudiantes de cuarto y quinto grado lean al menos 25 minutos cada día. Ayuda a tu hijo a elegir varios libros de esta lista según sus intereses (los libros sugeridos están en inglés, pero muchas bibliotecas podrían tener las versiones en español o libros similares). Dile que elija al menos un título de ficción (F) y otro de no ficción (NF). ¡A continuación, vayan a la biblioteca local para comenzar la aventura de la lectura!

Si te gustan las historias sobre rescates...
The Impossible Rescue: The True Story of an Amazing Arctic Adventure
de Martin W. Sandler (NF)
Shipwrecked!: Adventures of a Japanese Boy
de Rhoda Blumberg (NF)

Si te gusta la ciencia...
The Invention of Hugo Cabret
de Brian Selznik (F)
To the Moon and Back: My Apollo 11 Adventure
de Buzz Aldrin y Marianne Dyson (NF)

Si te gustan los cómics y las novelas gráficas...
Zita the Spacegirl
de Ben Hatke (F)
Sisters
de Raina Telgemeier (NF)

Si te gustan los relatos históricos...
Whoppers: History's Most Outrageous Lies and Liars
de Christine Seifert (NF)
Mesmerized: How Ben Franklin Solved a Mystery that Baffled All of France
de Mara Rockliff (NF)

Si te gusta el género de misterio...
The Phantom Tollbooth
de Norton Juster y Jules Feiffer (F)
Guys Read: True Stories
de autores varios (NF)

Si te gustan los animales...
The One and Only Ivan
de Katherine Applegate (F)
The Magnificent Book of Reptiles and Amphibians
de Tom Jackson (NF)

Si te gustan las historias de aventuras...
The True Blue Scouts of Sugar Man Swamp
de Kathi Appelt (F)
Last Bus Out
de Beck McDowell (NF)

Si te gustan las historias sobre la vida marina...
Island of the Blue Dolphins
de Scott O'Dell (F)
Where Is the Great Barrier Reef?
de Nico Medina (NF)

Si te gustan las biografías...
Founding Mothers
de Cokie Roberts (NF)
When the Beat Was Born: DJ Kool Herc and the Creation of Hip-Hop
de Laban Carrick Hill (NF)

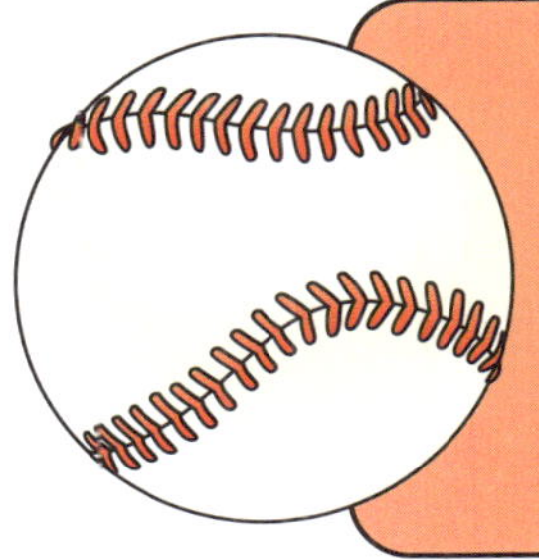

Si te gustan los deportes...
Distance to Home
de Jenn Bishop (F)
Kid Athletes: True Tales of Childhood from Sports Legends
de David Stabler (NF)

¡El aprendizaje de verano está en todas partes!

Encuentra oportunidades de aprendizaje a donde quiera que vayas, durante todo el verano.

Lectura

- Intercambia con un amigo una lista de cinco libros que te gusten. A continuación, vayan juntos a la biblioteca.
- Busquen revistas relacionadas con sus aficiones y lean una.

Lengua y literatura

- Elige cada semana una palabra nueva del diccionario e intenta utilizarla en una conversación.
- Intenta comunicarte con un amigo en rima durante una hora completa.

Matemáticas

- Utiliza los problemas de matemáticas como espacios en un cartón de bingo. Juega con un grupo de amigos a decir las respuestas y mira quién obtiene un bingo primero.
- Practica la conversión de medidas entre el sistema imperial y el métrico decimal siempre que las veas.

Ciencia y estudios sociales

- Habla con alguien de tu comunidad que haya crecido en un país o en una época diferente a la tuya. Habla de tus experiencias y observa en qué se diferencian de los recuerdos que tiene esa persona.
- Elige una tecnología de tu vida cotidiana y busca noticias recientes sobre esa tecnología con la ayuda de un adulto.

Carácter y acondicionamiento físico

- Mira un documental sobre una cultura diferente. Mientras lo ves, piensa en las cosas que son diferentes de tu cultura, y las cosas que son iguales.
- Aprende a utilizar una nueva habilidad física. Puede ser aprender un nuevo deporte, arreglar una bicicleta o trepar a un árbol. Sigue intentándolo hasta que te sientas seguro.

Objetivos mensuales

Un objetivo es algo que quieres conseguir. ¡A veces, alcanzar un objetivo puede ser difícil!

Piensa en tres objetivos que quieras cumplir este mes. Por ejemplo, tal vez quieras aprender tres palabras nuevas cada semana. Escribe tus objetivos en las líneas y repásalos con un adulto.

Dibuja una palomita junto a cada objetivo que cumplas. ¡Siéntete orgulloso de haber cumplido tus objetivos!

1. ____

2. ____

3. ____

Lista de palabras

En esta sección se utilizan las siguientes palabras. Es bueno que las conozcas. Lee cada palabra en voz alta. Utiliza un diccionario para buscar cada palabra que no conozcas. A continuación, escribe dos frases en inglés. Utiliza una palabra de la lista en cada oración.

energy (energía)
factor (factor)
government (gobierno)
healthy (saludable)

interpret (interpretar)
knowledge (conocimiento)
leaders (líderes)
passage (pasaje)

1. ____

____

2. ____

____

Introducción a la flexibilidad

Esta sección incluye actividades de acondicionamiento físico y de desarrollo de un carácter flexible. Estas actividades están diseñadas para mantenerte en movimiento y para hacerte pensar sobre tu condición física y el desarrollo de tu carácter. Si tienes una movilidad limitada, no dudes en modificar los ejercicios sugeridos para adaptarlos a tus capacidades individuales.

Flexibilidad física

Para muchas personas, ser flexible significa realizar fácilmente las tareas cotidianas, como agacharse para atarse un zapato. Tareas como esta pueden ser difíciles para las personas que no se estiran a menudo.

Los estiramientos harán que tus músculos sean más flexibles. También puedes mejorar tu equilibrio y coordinación.

Probablemente te estiras todos los días sin darte cuenta. ¿Alguna vez agarraste un lápiz que se te cayó o una caja de cereales que estaba en el estante de arriba? Si lo haces, te estás estirando. Intenta mejorar tu flexibilidad este verano. Fíjate un objetivo de estiramiento. Por ejemplo, puedes estirarte todos los días hasta que puedas tocarte los dedos de los pies.

Flexibilidad de carácter

Es bueno tener un cuerpo flexible. También es bueno ser flexible mentalmente. Esto significa estar abierto al cambio.

Puede ser molesto cuando las cosas no salen como uno quiere. ¿Recuerdas alguna vez en que un evento imprevisto te arruinó los planes? Por ejemplo, una excursión al zoológico se canceló porque el auto tenía una rueda pinchada. Los acontecimientos inesperados ocurren a veces. La forma en que reaccionas a esos acontecimientos suele afectar al resultado. Ármate de herramientas para ser flexible. Ten expectativas realistas. Encuentra formas de mejorar la situación. Busca las cosas buenas que puedan surgir del evento inesperado.

Puedes ser flexible mentalmente mostrando respeto a los demás. Compartir y respetar los turnos también son formas de ser flexible mentalmente. Este rasgo de carácter se hace más fácil con la práctica. Durante el verano, practica y utiliza tu flexibilidad mental con frecuencia.

Resuelve cada problema.

1. $13 - 5 =$ _______
2. $15 - 9 =$ _______
3. $4 \times 3 =$ _______
4. $9 + 2 =$ _______
5. $10 \div 2 =$ _______
6. $6 + 4 =$ _______
7. $6 \times 5 =$ _______
8. $30 \div 6 =$ _______
9. $13 + 5 =$ _______
10. $17 - 9 =$ _______
11. $3 \times 6 =$ _______
12. $27 \div 3 =$ _______

Encuentra cada número que falte.

13. $18 \div \boxed{} = 6$
14. $4 \times \boxed{} = 36$
15. $\boxed{} - 6 = 7$
16. $\boxed{} + 6 = 12$
17. $10 - \boxed{} = 3$
18. $24 \div \boxed{} = 3$
19. $3 \times \boxed{} = 21$
20. $\boxed{} \div 6 = 4$
21. $\boxed{} \times 7 = 0$

Una *oración* (sentence) es un grupo de palabras que expresa un pensamiento completo. Escribe *yes* antes de cada grupo de palabras si se trata de una oración. Escribe *no* si el grupo no es una oración.

22. _______ Tom bought the food.
23. _______ Turtles have hard shells.
24. _______ Will you feed the pets?
25. _______ We will turn to page.
26. _______ Butterflies beautiful.
27. _______ They enjoyed the trip.
28. _______ Don't forget to call me!
29. _______ Ants are insects.
30. _______ For his 10th birthday.
31. _______ Puppies fun!
32. _______ Wrapped the gift.
33. _______ Vacation nice.

DÍA 1

Un *tesauro* (thesaurus) es un libro de referencia que contiene *sinónimos* (synonyms) y *antónimos* (antonyms). En cada fila, encierra en un círculo la palabra que no corresponda.

34. family	tribe	clan	enemy
35. time	Earth	globe	sphere
36. notice	overlook	observe	see
37. sky	sun	orb	planet

Estira tus límites

Si vas a ir a una piscina, a una playa o a un lago a refrescarte este verano, prueba a hacer un estiramiento después de nadar. Se llama el *estiramiento de la cobra* (cobra stretch). Acuéstate boca abajo con las piernas estiradas detrás de ti. Las plantas de tus pies deben estar hacia arriba. Coloca las manos en el piso debajo de los hombros. Mantén los codos pegados al cuerpo. Mientras respiras profundamente, presiona las manos contra el piso y levanta el pecho tan alto como te resulte cómodo. Relájate y mira ligeramente hacia arriba, estirando la parte baja de la espalda y respirando con facilidad. Mantén el estiramiento durante 20 segundos.

DATO: Las mariquitas mastican la comida de lado a lado, no de arriba a abajo.

* Ve la página ii.

Añade *comillas y comas* (quotation marks and commas) donde sea necesario.

1. I love going to the natural history museum! exclaimed Ananya.

2. I usually go see the animals first replied Noah and then I go to the planetarium.

3. Have you seen the dinosaur fossils? asked Eliza.

4. She added The dioramas of prehistoric life are really cool.

5. That's my favorite part said Antonio.

6. Did you know that I'm one-quarter Native American? asked Dylan.

7. That's why I like the display of Native American artifacts he said.

8. Let's start out with the western life display suggested Mira and then head over to the planetarium.

Escribe todos los *pares de factores* (factor pairs) para cada número.

9. **16**

_____ × _____

_____ × _____

_____ × _____

10. **15**

_____ × _____

_____ × _____

11. **36**

_____ × _____

_____ × _____

_____ × _____

_____ × _____

_____ × _____

12. **42**

_____ × _____

_____ × _____

_____ × _____

_____ × _____

13. **24**

_____ × _____

_____ × _____

_____ × _____

_____ × _____

14. **99**

_____ × _____

_____ × _____

_____ × _____

ACONDICIONAMIENTO FÍSICO:
Practica una sentada en V. Estira cinco veces.

* Ve la página ii.

DÍA 2

Lee el pasaje. A continuación, responde las preguntas.

Giant Sequoias

The first giant sequoia trees probably started growing in North America about 180 million years ago. Giant sequoia trees can live more than 3,000 years. For the first 250 years, giant sequoias look like small pine trees. They reach their full height when they are about 500 years old. The giant sequoia can grow as tall as a 25-story building—that's about 250 feet (76 m) tall! Some trees have grown up to 30 feet (9 m) wide, or as wide as a three-lane highway. The largest giant sequoia living today is named General Sherman. General Sherman is over 274 feet (83 m) tall.

There are not many sequoias alive today. Millions of years ago, sequoias grew across North America. Then, the weather turned colder. These trees needed the warm weather to live. Now, when people visit the remaining sequoia forests, they drive and walk over the ground. This makes the ground hard. The sequoias' roots have a difficult time absorbing water in the hard ground. This is killing some of the trees. However, some people take home seeds when they visit the sequoia forests. They plant the seeds all over the world. Someday, these seeds may develop into new forests.

15. How long does it take a giant sequoia tree to reach its full height?_______________

16. How tall is the largest giant sequoia tree living today? _______________________

17. Why are fewer giant sequoias alive today than in the past?_________________

____

____

18. What are two things that giant sequoias need in order to survive? ____________

____

19. What details does the author provide to support the topic sentence of the second paragraph?

____

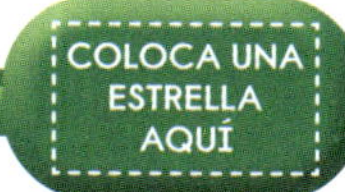

Al calcular números, redondea cada número al *valor posicional* (place value) más cercano antes de sumar o restar. Calcula las sumas y las diferencias.

EJEMPLO:

$81 + 75 \approx$

__80__ + __80__ = __160__

1. $93 - 12 \approx$

______ – ______ = ______

2. $98 - 12 \approx$

______ – ______ = ______

3. $93 - 39 \approx$

______ – ______ = ______

4. $891 - 551 \approx$

______ – ______ = ______

5. $57 - 39 \approx$

______ – ______ = ______

6. $24 + 35 \approx$

______ + ______ = ______

7. $209 + 179 \approx$

______ + ______ = ______

8. $64 + 39 \approx$

______ + ______ = ______

Encierra en un círculo el *pronombre relativo* (relative pronoun) de cada oración. A continuación, escribe en inglés dos oraciones tuyas que utilicen pronombres relativos.

9. The boys who live next door to me have a playful brown dog.

10. My grandpa, who lives in Michigan, likes to fix up old cars.

11. The sweater that I borrowed from Elena has a hole in it.

12. The Greek Festival, which takes place in August, is held at the convention center.

13. Daniel's e-mail, which I received yesterday, includes the schedule for his trip.

14. The dress that you bought today is similar to mine.

15. The piano students, whose teacher is Mr. Randall, will be performing at 8:00.

16. The bees that we ordered last spring seem to be doing very well.

17. ____

18. ____

DÍA 3

El día tiene 24 horas. Las horas desde la medianoche hasta las 11:59 de la mañana se escriben a.m., y las horas desde el mediodía hasta las 11:59 de la noche se escriben p.m. Escribe las horas correctas.

A.

_____:_____ P.M.

B.

_____:_____ A.M.

C.

_____:_____ A.M.

19. 50 minutos más tarde que el reloj A.

____

20. Si añades 12 horas al reloj A, ¿qué hora es? _______________________

21. 25 minutos antes que el reloj B.

____

22. ¿Qué hora era 6 horas antes que el reloj B?_______________________ ____

23. 95 minutos más tarde que el reloj C.

____

24. ¿Cuánto más temprano está el reloj C que el reloj B? __________________

Añade las comas que faltan en las *oraciones compuestas* (compound sentences).

25. Natalia missed the bus so her stepdad drove her to school.

26. The male cardinal landed on the feeder and its mate joined it a moment later.

27. Ian is going ice-skating on Saturday and Abby is going to a birthday party.

28. We planned to cook out tonight but it looks like it's going to storm.

29. Xander has a lot of homework so we're not going to the movies.

30. The deer crossed the road and her two fawns followed.

Utiliza lo que sabes sobre *polígonos* (polygons) para hacer un *patrón* (pattern). Comienza con un polígono y voltéalo, gíralo o deslízalo para crear un patrón.

EJEMPLO:

Reescribe esta dirección correctamente.

1461 condor st

mr greg jones

lake tona oh

98562

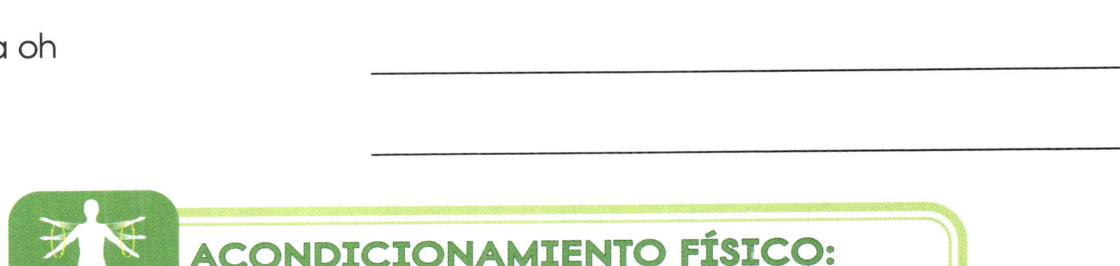

* Ve la página ii.

DÍA 4

Lee el pasaje. A continuación, responde las preguntas.

Astronomers

Astronomy is the study of planets, stars, and the universe. The first astronomers were ancient people who observed star patterns called *constellations*. They gave them names, such as the Great Bear. Today, astronomers seek to learn about the universe. They use powerful telescopes to see stars and to measure their distance from Earth and the speed at which they are moving. Astronomers interpret data collected by satellites and spacecrafts. By using readings from different instruments, astronomers can predict when objects such as comets and meteors will appear in the night sky. Sometimes, astronomers discover new things in outer space. Halley's Comet, which can be seen every 76 years, was named after Edmond Halley, the astronomer who predicted that the comet would return in 1758. The names of modern astronomical discoveries must be approved by the International Astronomical Union, a professional organization for astronomers.

1. What is the main idea of this passage?

    a. Astronomers look at constellations of stars.

    b. Astronomers study objects in outer space.

    c. Some astronomers discover new comets.

2. What is astronomy? ____

3. Why do astronomers use telescopes?_________________________________

4. What do astronomers try to predict using different instruments? ____________

    ____

5. This is a secondhand account about what astronomers do. How would a firsthand account written by an astronomer be different? Which would you rather read? Why?

    ____

    ____

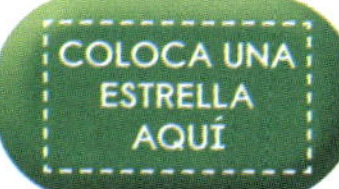

Escribe una oración que incluya un verbo en *tiempo progresivo* (progressive tense), una forma de *be* + verbo + *ing*, para responder cada pregunta.

EJEMPLO: What were you doing at this time yesterday?
I **was washing** my dad's car.

1. What will you be doing at 8:00 tomorrow morning?

   ____

2. What are you reading today?

   ____

3. What will you be eating for lunch tomorrow?

   ____

4. What were you watching on TV yesterday?

   ____

Responde cada pregunta.

5. En un periódico o revista, busca y rodea dos números. Escribe cada número en *forma de palabra* (word form), *forma estándar* (standard form) y *forma expandida* (expanded form).

   ____

   ____

6. Escribe una oración sobre el importante papel que desempeñan los números en tu vida diaria. ¿Por qué es importante saber reconocer un mismo número escrito de diferentes formas?

   ____

   ____

DÍA 5

Resuelve cada problema.

7. 428
    −119

8. 4,918
    +3,928

9. 248
    + 48

10. 569
     −247

11. 2,709
     +1,282

12. 304
     −172

13. 143
     +219

14. 681
     +145

La palabra *their* expresa propiedad, y la palabra *there* expresa un lugar. Completa cada oración con *their* o *there*.

15. I left my coat _________________________ yesterday.

16. Ian and Mackenzie were training _________________________ horses to jump.

17. We are going to _________________________ farm tomorrow.

18. Please put the box over_________________________ .

19. Will you please sit here, not _________________________ ?

Escribe dos oraciones en inglés sobre tu escuela. Utiliza *their* en una oración y *there* en la otra.

20. _________________________

21. _________________________

PRUEBA DE CARÁCTER: Piensa en una ocasión en la que hayas hecho algo agradable por un amigo o un familiar. ¿Cómo te hizo sentir eso?

COLOCA UNA ESTRELLA AQUÍ

Un *sufijo* (suffix) se añade al final de una *palabra base* (base word). Cuando se añaden algunos sufijos, es necesario duplicar la consonante final de la palabra base o cambiar la *y* por la *i*. Añade el sufijo *-est* al final de cada palabra base y escribe la nueva palabra.

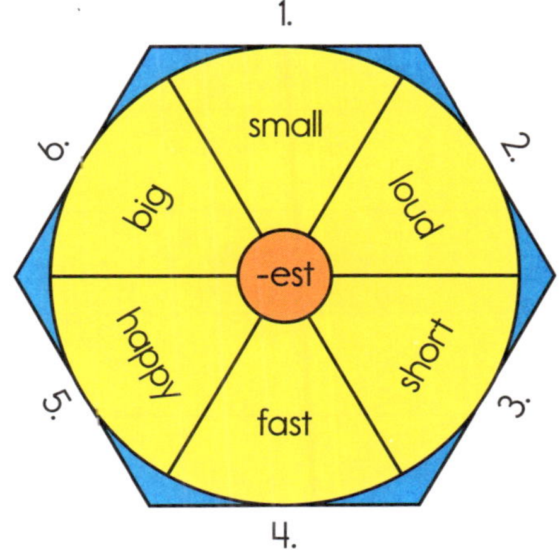

1. ___________________________

2. ___________________________

3. ___________________________

4. ___________________________

5. ___________________________

6. ___________________________

Las *homófonas* (homophones) son palabras que suenan igual, pero se escriben de forma diferente. Escribe cinco oraciones. Utiliza un par de palabras homófonas del banco de palabras en cada oración. Subraya las homófonas.

no, know	sun, son	tail, tale	new, knew
way, weigh	sent, cent	sale, sail	their, there
ate, eight	see, sea	pair, pear	blew, blue

EJEMPLO:

Would you chop some wood?

7. ____

8. ____

9. ____

10. ____

11. ____

DÍA 6

Escribe una descripción para cada objeto utilizando los *adjetivos* (adjectives) entre paréntesis. Lee cada descripción para asegurarte de que los adjetivos están en el orden correcto.

EJEMPLO: sweater (brown wool cozy)   **cozy brown wool sweater**

12.   balls (beach four striped)   _______________________________

13.   basket (antique seagrass)   _______________________________

14.   mug (yellow ceramic)   _______________________________

15.   rock (rough gray)   _______________________________

16.   trucks (six red plastic small)   _______________________________

17.   tomato (plump juicy)   _______________________________

18.   dog (stray white)   _______________________________

Completa cada *patrón numérico* (number pattern). Identifica la regla utilizada para crear el patrón.

19.   3, 6, 5, 8, 7, 10, 9, _______, _______

Regla: ____

20.   1, 2, 4, 7, 11, 16, 22, _______, _______

Regla: ____

21.   2, 4, 6, 10, 16, 26, _______, _______

Regla: ____

* Ve la página ii.

Suma para encontrar cada adición. Escribe las respuestas de la forma más simple.

EJEMPLO:
$$\frac{3}{4} + \frac{2}{4} = \frac{5}{4} \text{ o } 1\frac{1}{4}$$

1. $\dfrac{6}{10} + \dfrac{8}{10} = $ _________

2. $\dfrac{3}{4} + \dfrac{5}{4} = $ _________

3. $\dfrac{9}{11} + \dfrac{2}{11} = $ _________

4. $\dfrac{10}{12} + \dfrac{14}{12} = $ _________

5. $\dfrac{6}{11} + \dfrac{7}{11} = $ _________

6. $\dfrac{7}{12} + \dfrac{8}{12} = $ _________

7. $\dfrac{6}{8} + \dfrac{5}{8} = $ _________

8. $\dfrac{5}{15} + \dfrac{10}{15} = $ _________

9. $\dfrac{9}{16} + \dfrac{9}{16} = $ _________

10. $\dfrac{4}{7} + \dfrac{5}{7} = $ _________

11. $\dfrac{8}{9} + \dfrac{6}{9} = $ _________

Lee los cinco pasos del proceso de escritura para escribir una historia.

A. Plan

B. First draft

C. Revise

D. Proofread

E. Final draft

Usa los pasos para terminar la historia en una hoja aparte.

You go for a walk one day and find a large, golden egg with green spots. Suddenly, it begins to shake and crack.

____

____

____

DATO: Hay más de 950 especies de murciélagos en el mundo.

DÍA 7

Lee el pasaje. A continuación, responde las preguntas.

Reptiles and Amphibians

You may think that lizards and frogs are in the same family, but they are not. Lizards, snakes, turtles, and crocodiles are reptiles. Frogs, toads, and salamanders are amphibians. Both amphibians and reptiles are cold-blooded, which means that the warmth of their bodies depends on their surroundings. Most reptiles and amphibians lay eggs instead of giving birth to their young. Reptiles lay hard-shelled eggs on land, but amphibians lay soft-shelled eggs in the water. When reptiles hatch, they look like tiny adults. Amphibian babies, such as tadpoles or baby frogs, must live underwater until they are older. Adult amphibians spend part of their time in the water and part on land. Reptiles feel dry and scaly to the touch, and amphibians feel moist and sticky. Because amphibians can live both in water and on land, they are more at risk for becoming sick from pollution. It is important to keep ponds and lakes clean so that the animals that live there will be safe and healthy.

12. What is the main idea of this passage?

    a. There are important differences between reptiles and amphibians.

    b. Reptiles are the same as amphibians.

    c. Frogs and lizards belong to different families.

13. Name three animals that are reptiles and three that are amphibians. ___________

    ____

    ____

14. The author organizes this passage as a comparison. Why does this organizational pattern work well for this subject?

    ____

* Ve la página ii.

COLOCA UNA ESTRELLA AQUÍ

Una estudiante registró el peso de las papas que utilizó para un proyecto de la feria de ciencias. Lee los datos. Para cada papa, dibuja una X sobre el *gráfico de líneas* (line plot) para mostrar su peso.

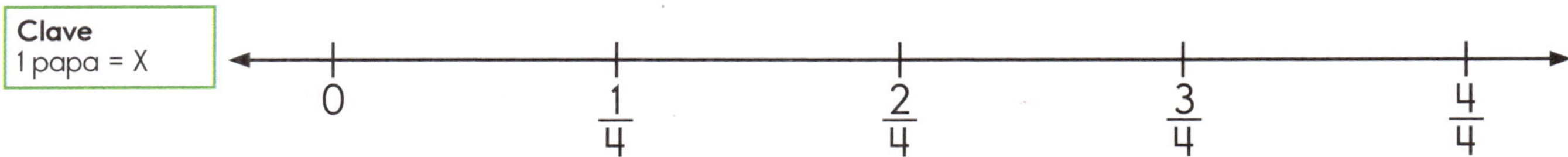

Papa	A	B	C	D	E	F	G	H	I	J
Peso en libras	$\frac{3}{4}$	$\frac{1}{4}$	$\frac{2}{4}$	$\frac{3}{4}$	$\frac{1}{4}$	$\frac{2}{4}$	$\frac{1}{4}$	$\frac{2}{4}$	$\frac{4}{4}$	$\frac{1}{4}$

Clave
1 papa = X

$$0 \qquad \frac{1}{4} \qquad \frac{2}{4} \qquad \frac{3}{4} \qquad \frac{4}{4}$$

¿Cuál es el peso total de todas las papas? Responde de la forma más sencilla.

____

¿Cuál es la diferencia de peso entre las papas que pesan $\frac{3}{4}$ de libra y las que pesan $\frac{1}{4}$ de libra? Responde de la forma más sencilla.

Los *verbos auxiliares* (helping verbs) ayudan al *verbo principal* (main verb). El verbo principal muestra la acción. En cada oración subraya el verbo principal y rodea el verbo auxiliar.

EJEMPLO: It has been raining for five days.

1. Jack had finished his lessons early.

2. I have enjoyed playing with them.

3. We were cleaning the house.

4. The babies have been sleeping.

Escribe un verbo auxiliar para completar cada oración.

5. Uma _________________________________ diving into the pond.

6. The pool _________________________________ used all summer.

7. I _________________________________ waiting for them to fix it.

8. They _________________________________ working on it for three weeks.

DÍA 8

Un *prefijo* (prefix) se añade al principio de una *palabra base* (base word). Añade un prefijo a la palabra base en cada oración.

9. The _________ game practice always comes before the game.

10. Do you agree or _________ agree with what I said?

11. Mother is going to _________ arrange the room one more time.

12. The three connected lines make a _________ angle.

13. Everyone on the team wears the same _________ form to the game.

14. You can count on me to _________ pay the money I borrowed.

15. He has to _________ tie his shoelaces to take off his shoes.

16. A _________ cycle has two wheels.

Una *metáfora* (metaphor) es una comparación entre dos objetos que no utiliza las palabras *like* o *as*. Las metáforas pueden hacer que tus escritos sean más descriptivos.

EJEMPLO: Mika is a fish in the swimming pool. **Mika swims well.**

Lee las oraciones. A continuación, escribe lo que significa cada metáfora.

17. Your smile is a ray of sunshine. ________________________________

18. Winning the award was a dream come true. ____________________

19. This store is a maze to walk through. ______________________

20. My pillow was a fluffy cloud. ____________________________

DATO: La temperatura mundial ha aumentado 1.4°F (0.8°C) desde 1880.

COLOCA UNA ESTRELLA AQUÍ

Resuelve cada problema.

1. Jamila tiene 3 monedas, y juntas valen 11¢. ¿Cuáles son las monedas?

   ____

2. Troy tiene 7 monedas, y juntas valen 20¢. ¿Cuáles son las monedas?

   ____

3. Janet tiene 6 monedas, y juntas valen 47¢. ¿Cuáles son las monedas?

   ____

4. Bao tiene 4 monedas, y juntas valen 45¢. ¿Cuáles son las monedas?

   ____

5. Frankie tiene 5 monedas, y juntas valen 17¢. ¿Cuáles son las monedas?

   ____

6. Gary tiene 6 monedas, y juntas valen 40¢. ¿Cuáles son las monedas?

   ____

Rellena el espacio en blanco de cada oración con un *adverbio relativo* (relative adverb): *where, when* o *why*.

7. Aaron doesn't know the reason _______________________ Delia is upset with him.

8. This is the farmers' market _______________________ we bought the fresh eggs.

9. The construction across the street is the reason _______________________ I woke up this morning.

10. Have you been to the museum _______________________ they have a giant dinosaur skeleton?

11. I'd love to borrow that book _______________________ you finish it.

12. This is the house _______________________ my grandparents lived when I was little.

13. The afternoon _______________________ we had a picnic was nearly perfect.

14. Please explain _______________________ you are so late today.

DÍA 9

Lee el poema. A continuación, responde las preguntas.

Now the Noisy Winds Are Still
by Mary Mapes Dodge

Now the noisy winds are still;
April's coming up the hill!
All the spring is in her train,
Led by shining ranks of rain;
Pit, pat, patter, clatter,
Sudden sun, and clatter, patter!—
First the blue, and then the shower;
Bursting bud, and smiling flower;
Brooks set free with tinkling ring;
Birds too full of song to sing;
Crisp old leaves astir with pride,
Where the timid violets hide,—
All things ready with a will,—
April's coming up the hill!

15. *Onomatopoeia* describes a word that sounds like the object or action it refers to. For example, the word *moo* sounds like the noise a cow makes. Find an example of onomatopoeia in the poem. How does it make the poem more interesting?

____

16 Name one example of personification found in the poem.

____

17. What rhyme scheme does the poet use? (Use letters, such as ABAB or ABBA, to

describe it.) ____

18. How does the poet feel about the coming of spring? How do you know?

____

COLOCA UNA
ESTRELLA
AQUÍ

DÍA 10

Encierra en un círculo tu respuesta a cada pregunta. A continuación, subraya la raíz.

1. Which word contains a Latin root that means "one"? Underline the root.

   unicorn   perimeter   biceps

2. Which word contains a Greek root that means "earth"? Underline the root.

   erupt   eject   geology

3. Which word contains a Greek root that means "measure"? Underline the root.

   structure   speedometer   hydrogen

4. Which word contains a Latin root that means "water"? Underline the root.

   manuscript   aquarium   zoology

5. Which word contains a Latin root that means "tooth"? Underline the root.

   carnival   bisect   dentistry

6. Which word contains a Latin root that means "to break"? Underline the root.

   interrupt   fracture   telescope

Multiplica para encontrar cada producto. A continuación, encierra en un círculo todos los productos que estén en _números primos_ (prime numbers).

7. $9 \times 2 =$ _________

8. $1 \times 11 =$ _________

9. $7 \times 9 =$ _________

10. $8 \times 4 =$ _________

11. $4 \times 7 =$ _________

12. $9 \times 9 =$ _________

13. $1 \times 5 =$ _________

14. $8 \times 3 =$ _________

15. $8 \times 5 =$ _________

16. $7 \times 3 =$ _________

17. $3 \times 3 =$ _________

18. $1 \times 2 =$ _________

19. $4 \times 6 =$ _________

20. $6 \times 3 =$ _________

21. $5 \times 5 =$ _________

22. $9 \times 5 =$ _________

23. $6 \times 9 =$ _________

24. $8 \times 7 =$ _________

25. $8 \times 8 =$ _________

26. $7 \times 1 =$ _________

27. $7 \times 7 =$ _________

DÍA 10

El Día de la Amistad es el primer domingo de agosto. Completa cada oración. A continuación, haz un dibujo para mostrar lo que significa la amistad para ti.

Los amigos siempre deben ____ .

Los amigos nunca deben ____ .

Soy un buen amigo porque ____ .

Completa cada oración con una _frase preposicional_ (prepositional phrase).

EJEMPLO: Tyrone received a package in the mail **from his sister**.

28. At the movies, Ella sat ____ .

29. After you chop the vegetables, sauté them _______________________________ .

30. Take the chairlift _______________________ , and I'll meet you in the lodge.

31. Lita and her brother went to the game _______________________________ .

32. The kitten knocked the napkin _______________________________________ .

33. We were _______________________ this morning when Joseph lost his wallet.

34. Raise your hands _______________________ , and then touch your toes.

35. The bird flew _______________________ , where I knew it would be safe.

Las *líneas paralelas* (parallel lines) nunca se encuentran. Dibuja una línea que sea paralela a cada segmento de línea.

1.

2.

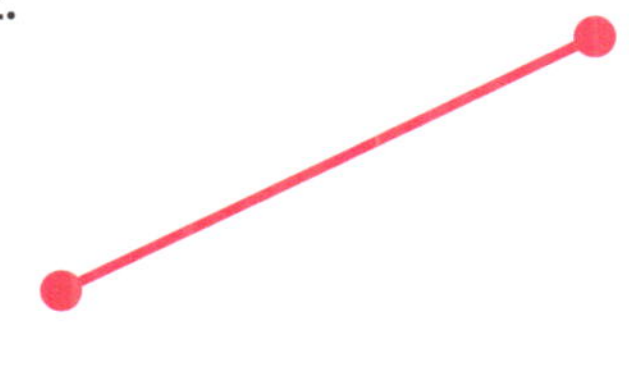

3.

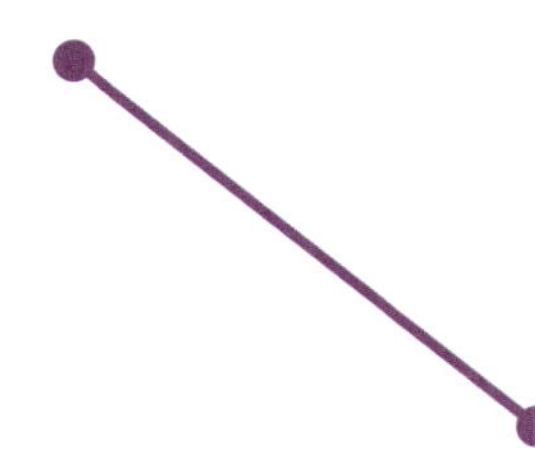

4.

5.

6.

Un *nombre propio* (proper noun) comienza con una letra mayúscula. Escribe un nombre propio para cada nombre común.

EJEMPLO: building _______White House_______

7. restaurant _____________________

8. person _____________________

9. holiday _____________________

10. country _____________________

11. national park _____________________

12. day _____________________

13. state _____________________

14. island _____________________

15. river _____________________

16. street _____________________

Escribe un nombre común para cada nombre propio.

17. Golden Gate Bridge _____________

18. Canada_____________________

19. San Francisco _____________________

20. Joseph_____________________

21. Pacific _____________________

22. Liberty Bell _____________________

23. November _____________________

24. Jamal_____________________

DÍA 11

Resuelve cada problema.

25. 548×5

26. 38×3

27. $1{,}587 \times 7$

28. $2{,}517 \times 2$

29. $3\overline{)210}$

30. $4\overline{)526}$

31. $5\overline{)1{,}839}$

32. $2\overline{)2{,}548}$

Separa cada *oración corrida* (run-on sentence) en dos oraciones. Utiliza las mayúsculas y la puntuación adecuadas para escribir las nuevas oraciones.

33. Kenya got a haircut she really liked the way it looked.

____

____

34. The rabbit hopped across the yard it ran into the bushes.

____

____

35. Molly helped Dad weed the garden then they played in the sprinkler.

____

____

DATO: A un tiburón le puede crecer un nuevo diente en 24 horas.

COLOCA UNA ESTRELLA AQUÍ

Suma para encontrar cada adición.

1. 2,456
    +1,527

2. 9,873
    +1,828

3. 18,086
    +12,302

4. 21,421
    +10,310

5. 19,873
    + 1,828

6. 8,024
    3,643
    +   626

7. 4,877
    3,481
    +   309

8. 5,221
    4,708
    +   425

Utiliza un *transportador* (protractor) para medir el ángulo que forme cada par de líneas.

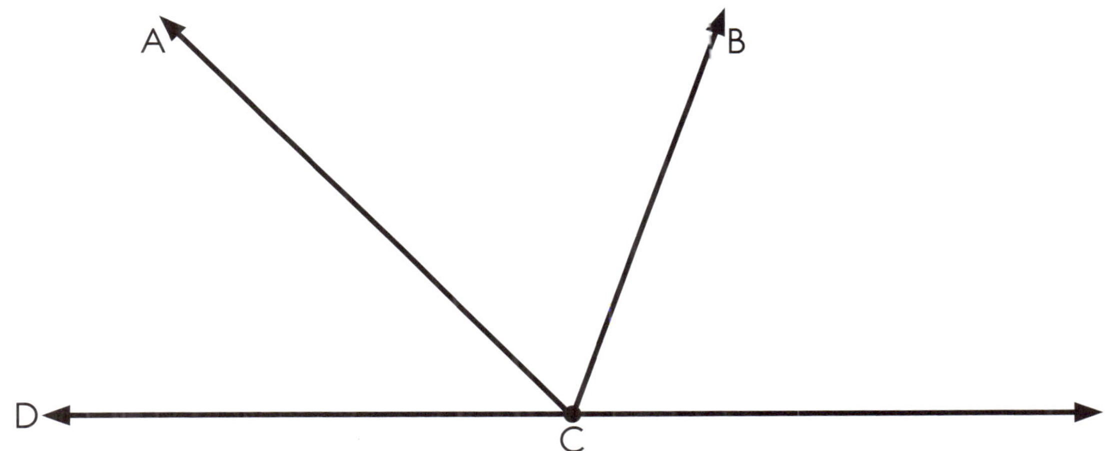

Ángulo ACD = _______ °   Ángulo ACB = _______ °   Ángulo BCD = _______ °

Utiliza tus respuestas anteriores para completar la siguiente ecuación:

_______ ° + _______ ° = _______ °

ACONDICIONAMIENTO FÍSICO:
Practica una sentada en V. Estira cinco veces.

* Ve la página ii.

DÍA 12

Escribe >, < o = para comparar cada par de números. Encierra en un círculo la letra junto al número mayor. Si los números son iguales, encierra ambas letras en un círculo. Para resolver el acertijo, escribe en orden en las líneas las letras encerradas en un círculo.

9. **T** 759 ◯ 258 **S**

10. **H** 161 ◯ 161 **E**

11. **B** 25 ◯ 29 **Y**

12. **B** 230 ◯ 320 **A**

13. **R** 685 ◯ 594 **M**

14. **E** 267 ◯ 267 **S**

15. **M** 141 ◯ 139 **B**

16. **A** 342 ◯ 324 **B**

17. **M** 573 ◯ 753 **R**

18. **L** 206 ◯ 208 **T**

19. **K** 882 ◯ 822 **D**

20. **I** 425 ◯ 254 **S**

21. **A** 330 ◯ 338 **D**

22. **N** 980 ◯ 995 **S**

Why do baby goats know how to compare numbers?

BECAUSE ___ ___ ___ ___   ___ ___ ___   ___ ___ ___ ___ ___ ___   " ___ ___ ___ ___ "!

Escribe una palabra del recuadro para identificar cada figura. Cada palabra se utilizará una vez.

| líneas perpendiculares (perpendicular lines) | líneas paralelas (parallel lines) | segmento de línea (line segment) | punto (point) | flecha (ray) |

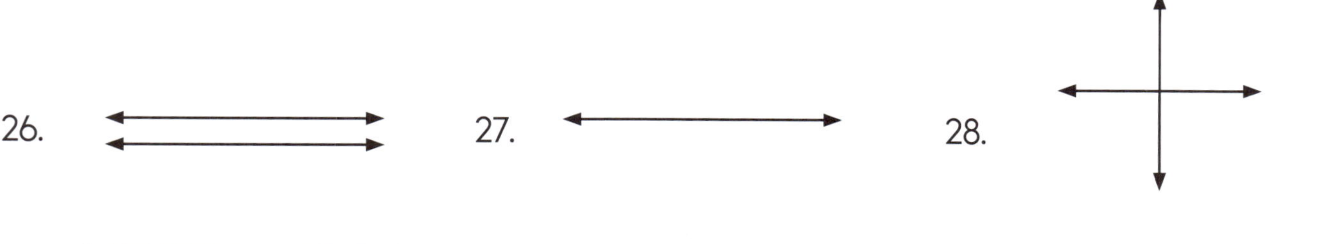

23. B•

____

24. •————————▶

____

25. •————————•

____

26. ⇄

____

27. ◀————————▶

____

28. ✛

____

COLOCA UNA ESTRELLA AQUÍ

Respetar significa tener consideración por los sentimientos, las posesiones y las ideas de otra persona. A estas alturas, has tenido muchas oportunidades de aprender y de mostrar respeto. Demuestra tu comprensión de este rasgo clave del carácter escribiendo una historia para los niños más pequeños que exprese respeto. Utiliza un ejemplo personal de cuando eras más pequeño y estabas aprendiendo sobre el respeto. Después de escribir tu historia, diseña una cubierta para las páginas. Comparte tu historia con un miembro más joven de tu familia o con un amigo para que le ayudes a aprender sobre este importante rasgo del carácter. Utiliza el siguiente espacio para planificar tu historia.

____

____

____

____

____

Escribe números para decir cuántos pares de *lados paralelos* y *perpendiculares* (parallel sides and perpendicular sides) tiene cada forma. (Tu respuesta a veces puede ser *0*).

1. trapezoide
(trapezoid)

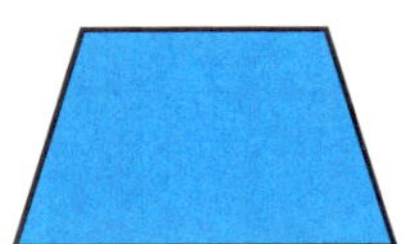

pares de lados paralelos: ______

pares de lados perpendiculares: ______

2. cuadrado
(square)

pares de lados paralelos: ______

pares de lados perpendiculares: ______

3. rombo
(rhombus)

pares de lados paralelos: ______

pares de lados perpendiculares: ______

4. triángulo rectángulo
(right triangle)

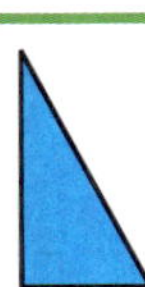

pares de lados paralelos: ______

pares de lados perpendiculares: ______

DÍA 13

Lee el pasaje. A continuación, responde las preguntas.

Democracy

Democracy is a form of government in which people vote for the leaders who govern them. *Democracy* is derived from a Greek word meaning "popular government." Here, the word *popular* means "of the people" rather than "well liked." The word was first used to describe the political system of Greek city-states, like Athens, in the fourth and fifth centuries BC. In a direct democracy, the people vote on every decision. An example of a direct democracy is a club in which all members vote on decisions such as a poster design or how to raise money. It is hard for large groups to have a direct democracy, so many places, including the United States and Canada, have a representative democracy. In a representative democracy, people elect leaders who vote on the issues. The people trust that their elected leaders will represent their viewpoints. If the people feel that their elected leaders do not represent their viewpoints, then they can vote them out of office.

5. What is the main idea of this passage?

    a. Democracy is a form of government in which people make the decisions.

    b. An early form of democracy was practiced in Greece.

    c. The United States and Canada both have democratic governments.

6. What does the Greek word for *democracy* mean? _______________________

____

7. What happens in a direct democracy? _______________________________

____

8. What happens in a representative democracy? _________________________

____

> **DATO:** La rana más grande del mundo es la rana goliat, que puede alcanzar una longitud de un pie (unos 30 cm).

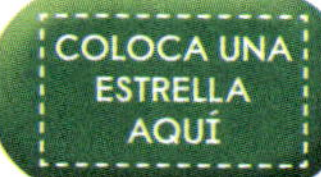

Escribe cada palabra con la *ortografía* (spelling) correcta. Si no estás seguro, comprueba la ortografía en un diccionario en línea o impreso.

1. antonim   antonym _______________________________________

2. mountain   mountin _______________________________________

3. approximate   approximet ____________________________________

4. reknewable   renewable _____________________________________

5. beleive   believe ____

6. tutor   tuter ____

Sombrea los modelos para ayudar a resolver cada ecuación.

7. 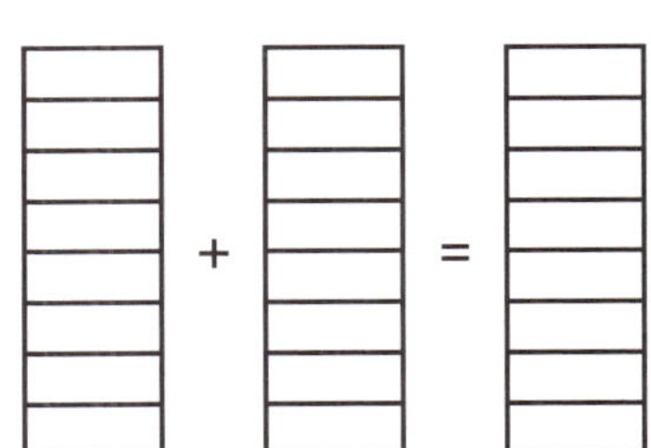

$$\frac{5}{8} + \frac{2}{8} = \underline{\hspace{2cm}}$$

8. 

$$\frac{4}{7} + \frac{1}{7} = \underline{\hspace{2cm}}$$

9. 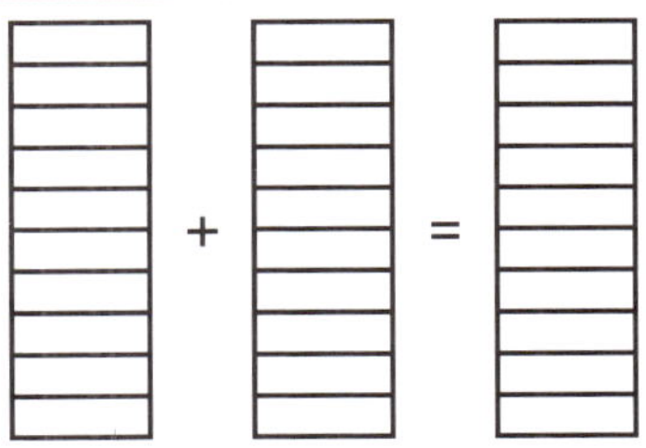

$$\frac{5}{10} + \frac{3}{10} = \underline{\hspace{2cm}}$$

10. 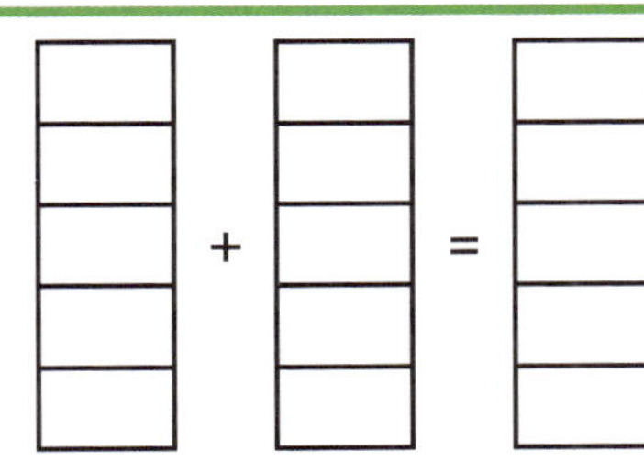

$$\frac{3}{5} + \frac{1}{5} = \underline{\hspace{2cm}}$$

DÍA 14

Mide la longitud de cada lado para encontrar el *perímetro* (perimeter) o el *área* (area) en centímetros.

11.

área = _____ cm cuadrados

12.
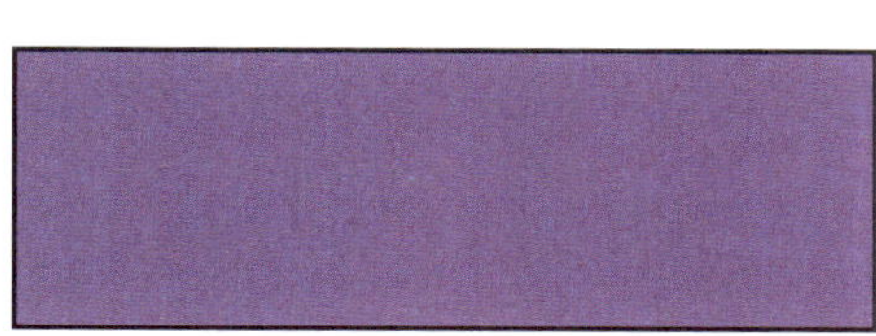
área = _____ cm cuadrados

13.
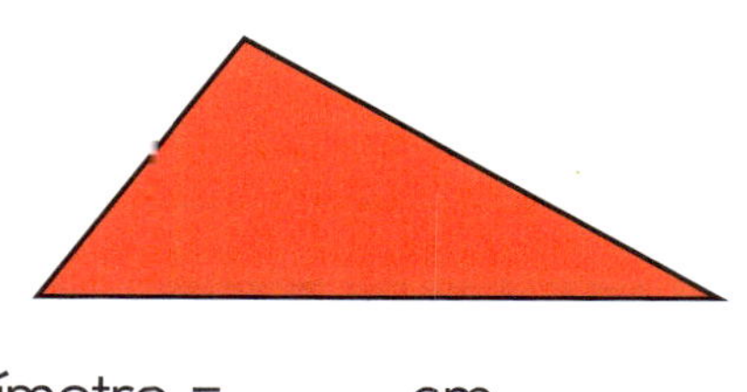
perímetro = _____ cm

14.
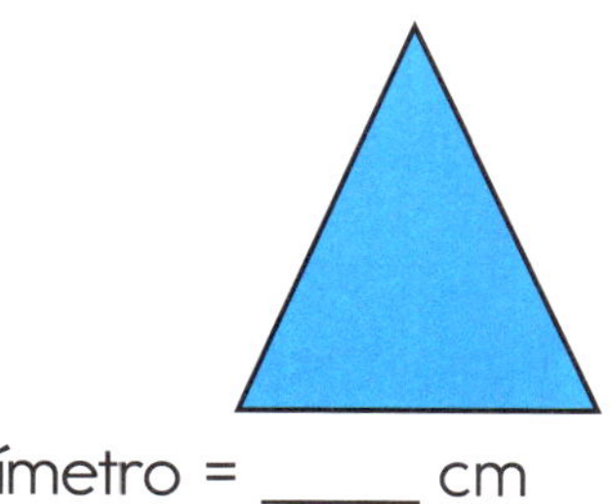
perímetro = _____ cm

Resuelve cada problema de palabras. Muestra tu trabajo. Escribe las respuestas de la forma más sencilla.

15. Nola pasc 2 horas en la biblioteca. Pasa $\frac{3}{4}$ de hora en la computadora, $\frac{1}{4}$ de hora buscandc libros y $\frac{1}{4}$ de hora mirando DVDs. ¿Cuánto tiempo le queda para leer?

____

16. Juan hizc un recorrido de $\frac{2}{3}$ de milla en bicicleta a la escuela, $\frac{1}{3}$ de milla a la bibliotecc y $\frac{2}{3}$ de milla a su casa. ¿Qué distancia recorrió en total?

____

17. Guillermc colocó una pesa de $\frac{5}{8}$ de libra en una balanza. Luego, agregó cuatro pesas de $\frac{1}{8}$ de libra a la balanza. ¿Cuál es el peso total de la balanza?

____

18. Gwen tenía una bolsa de nueces de la India. Le dio $\frac{3}{16}$ de las nueces a su hermana y se comió $\frac{7}{16}$. ¿Qué fracción de nueces de la India queda?

____

Resta para encontrar cada diferencia.

1. $4{,}314 - 2{,}532$

2. $3{,}826 - 49$

3. $2{,}182 - 396$

4. $5{,}433 - 25$

5. $6{,}922 - 5{,}833$

6. $22{,}318 - 17{,}725$

7. $57{,}260 - 23{,}458$

8. $68{,}011 - 14{,}343$

¿La línea dibujada en cada figura es una *línea simétrica* (line of symmetry)? Escribe *sí* o *no*.

9. 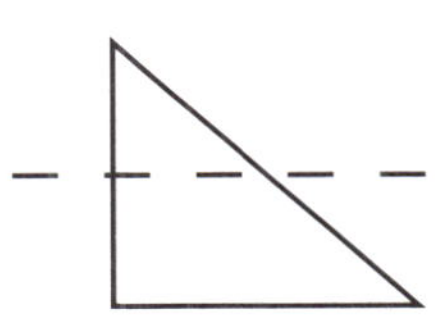

____

10. 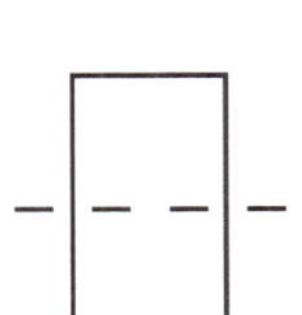

____

11. 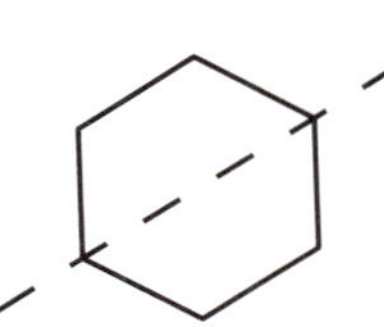

____

12. 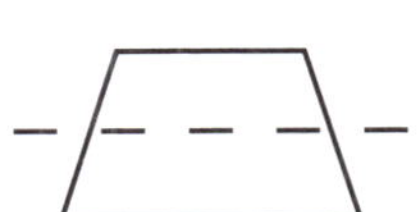

____

13. 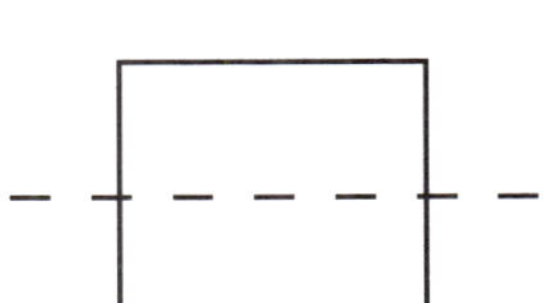

____

14. 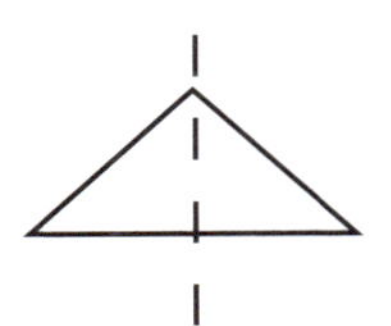

____

DATO: Un bolso de sirena es un estuche de huevos puestos por un tiburón o una raya en el océano.

DÍA 15

Resuelve cada problema. Escribe la respuesta de la forma más simple.

15. $5 \times \dfrac{3}{4} =$ _________

16. $3 \times \dfrac{3}{8} =$ _________

17. $\dfrac{4}{5} \times 6 =$ _________

18. $8 \times \dfrac{1}{2} =$ _________

19. $\dfrac{4}{9} \times 7 =$ _________

20. $5 \times \dfrac{3}{10} =$ _________

21. $\dfrac{4}{7} \times 2 =$ _________

22. $4 \times \dfrac{2}{7} =$ _________

23. $7 \times \dfrac{5}{11} =$ _________

Los padres de Charlie acaban de decirle que toda la familia se mudará al otro lado del país dentro de un mes. Escribe una breve historia en inglés sobre la reacción de Charlie ante la noticia. Utiliza diálogos en tu escrito.

____

____

____

____

____

____

____

____

PRUEBA DE CARÁCTER: Registra el número de veces que dices «gracias» en un día. Comparte los resultados con un miembro de tu familia.

COLOCA UNA ESTRELLA AQUÍ

Traza una línea sobre la palabra que no pertenece a cada oración.

1. All of the butterflies will be gone went by October.

2. The state vegetable of Idaho is are the potato.

3. She wil hid hide behind the large, old tree.

4. I have ridden rode my horse regularly this summer.

5. Our dog constantly goes to that corner to dig digging.

En cada problema, cambia la fracción con denominador 10 por una fracción equivalente con denominador 100. Luego, suma.

6. $\dfrac{2}{10} + \dfrac{5}{100} =$ _______

7. $\dfrac{3}{10} + \dfrac{25}{100} =$ _______

8. $\dfrac{72}{100} + \dfrac{2}{10} =$ _______

9. $\dfrac{1}{10} + \dfrac{40}{100} =$ _______

10. $\dfrac{13}{100} + \dfrac{8}{10} =$ _______

11. $\dfrac{5}{10} + \dfrac{45}{100} =$ _______

12. $\dfrac{2}{10} + \dfrac{17}{100} =$ _______

13. $\dfrac{75}{100} + \dfrac{1}{10} =$ _______

14. $\dfrac{3}{10} + \dfrac{44}{100} =$ _______

15. $\dfrac{34}{100} + \dfrac{1}{10} =$ _______

16. $\dfrac{4}{10} + \dfrac{32}{100} =$ _______

17. $\dfrac{2}{10} + \dfrac{16}{100} =$ _______

* Ve la página ii.

DÍA 16

Resuelve cada problema.

18.	19.	20.	21.
7,548 −3,762	8,562 +2,163	5,585 −2,609	36,814 − 7,523

22.	23.	24.	25.
53,397 +39,288	3,245 5,029 +6,981	9,421 8,389 +4,506	3,340 7,189 +4,482

Compara los *decimales* (decimals) de cada par. Utiliza los símbolos mayor que (>), menor que (<) o igual a (=).

26.	2.37	◯	0.37		32.	0.77	◯	0.07
27.	0.08	◯	0.80		33.	0.12	◯	1.21
28.	1.05	◯	5.10		34.	0.99	◯	1.1
29.	0.54	◯	0.45		35.	2.5	◯	2.50
30.	0.3	◯	0.30		36.	0.63	◯	0.09
31.	1.1	◯	1.01		37.	1.09	◯	1.1

DATO: Las tapas de las tanquillas en las vías públicas son redondas para que no se caigan.

COLOCA UNA ESTRELLA AQUÍ

Reemplaza cada palabra entre paréntesis con un *sinónimo* (synonym).

EJEMPLO: The man (said)_________**yelled**_________ , "Watch out for that bee!"

1. Margaret (said) _____________________ , "Please come to my party."

2. Mother always (said) _____________________ , "A stitch in time saves nine."

3. "Is it already time to leave?" (said)_____________________ Casey.

4. "I don't like celery in soup," (said) _____________________ Dad.

5. "My kite is still in the air," (said) _____________________ Tony.

6. The boy with his mouth full of noodles (said) _____________________ that he wanted more.

Cada página del diccionario tiene *palabras guía* (guide words) en la parte superior. Indican la primera y la última palabra de la página. Escribe cada palabra en orden alfabético bajo las palabras guía correctas.

aggravate	aboard	about	aid	ailment
above	affect	after	agree	afford

7. aardvark • afghan

8. Africa • aim

____

____

____

____

____

DÍA 17

Lee el pasaje. A continuación, responde las preguntas.

Arachne the Weaver

Long ago in Greece, there lived a young girl whose name was Arachne. All she cared to do from morning until night was to spin and weave. And oh, how fine were the things she wove! One day, a stranger appeared by her side and asked, "Did Athena, queen of the air, teach you to spin and weave so well?"

"Can she weave goods like mine? I should like to see her try!" Arachne **scoffed**. She looked up and saw a woman wrapped in a long cloak.

"I am the goddess Athena," said the woman, "and I have heard your boast. Do you think you can spin and weave as well as I?"

"Yes," replied Arachne.

"Then we shall have a contest," said Athena. "If your work is best, then I will weave no more. But if my work is best, then you shall never use a loom again."

The two women set to weaving. Arachne was soon ashamed when she saw the beauty of Athena's work. "How can I live," she cried, "now that I may never spin again?" Athena took pity on the girl. She changed Arachne into a nimble spider. Ever since that day, spiders keep busy from morning until night, weaving beautiful webs.

9. An *origin myth* explains how something came to be. What does this origin myth explain? ____

10. How are Arachne and Athena similar? How are they different?

    ____

11. What does the word *scoffed* mean in the story?

    ____

12. The story of Arachne is a Greek myth. Find another example of a Greek myth. What similarities does it have to the story of Arachne?

    ____

Encierra en un círculo la medida más grande.

1.	13 cm	13 mm		7.	14 mL	14 L
2.	36 in.	36 yd.		8.	5,000 ft.	5 mi.
3.	10 cups	10 oz.		9.	14 gal.	14 qt.
4.	12 km	12 m		10.	100 cm	10 m
5.	25 kg	25 g		11.	25 lbs.	250 oz.
6.	2 tons	2,000 lbs.		12.	80 mm	800 cm

Escribe dos oraciones con la palabra *it's* y dos oraciones con la palabra *its*.

EJEMPLO: It's very hot outside today.

          That shoe has lost its shoelaces.

13. ____

14. ____

15. ____

16. ____

Escribe dos oraciones con la palabra *eight* y dos oraciones con la palabra *ate*.

17. ____

18. ____

19. ____

20. ____

PRUEBA DE CARÁCTER: Busca la palabra *considerado* (considerate) en un diccionario. A continuación, piensa en dos formas de ser considerado.

DÍA 18

Escribe una historia sobre un viaje al espacio exterior. Cuenta qué tipo de cosas deberías empacar y cómo deberías prepararte. Describe dónde te gustaría ir y cómo crees que sería el lugar.

DATO: Consumes una décima parte de una caloría cada vez que lames una estampilla.

COLOCA UNA ESTRELLA AQUÍ

Cuaderno de lecturas de verano

Nombre:_______________________

Fecha	Título del libro	Minutos de lectura	Iniciales del adulto

Sección 3: calendario

Este calendario contiene sugerencias de actividades para cada día de la semana durante el último mes de las vacaciones de verano. ¡No olvides apuntar tus lecturas en el *Cuaderno de lecturas de verano*!

Día 1	Día 2	Día 3	Día 4	Día 5
Páginas del día 1. Completa las METAS MENSUALES. ¡Lee! Comparte con un amigo o familliar algo que hayas aprendido.	Páginas del día 2. Completa una actividad de APTITUDES VELOZ. ¡Lee! Compara algo que te haya sucedido con algo que esté en el libro.	Páginas del día 3. Usa las tarjetas para mantener tus habilidades afinadas. ¡Lee! Haz un mapa o gráfico para ilustrar el libro.	Páginas del día 4. Completa una actividad de REVISIÓN DEL CARÁCTER. ¡Lee! Detente y haz una sinopsis para un amigo o familiar de lo que has leído hasta el momento.	Páginas del día 5. Completa una actividad EXTRA. ¡Lee! Escoge una página que te guste y léesela en voz alta a un amigo o familiar.
Día 6	**Día 7**	**Día 8**	**Día 9**	**Día 10**
Páginas del día 6. Completa una actividad de APTITUDES VELOZ. ¡Lee! Haz una conexión entre algo que aparece en el libro que estás leyendo con otro que hayas leído.	Páginas del día 7. Muestra a un familiar algo que hayas hecho en tu libro de actividades. ¡Lee! Predice dos cosas más que aparecerán en el libro.	Páginas del día 8. Completa una actividad de REVISIÓN DEL CARÁCTER. ¡Lee! Escribe tus reflexiones y sentimientos sobre el libro en un diario.	Páginas del día 9. Completa una actividad de APTITUDES VELOZ. ¡Lee! Lee en voz alta una página como si fueras un presentador de noticias o un actor.	Páginas del día 10. Completa una actividad EXTRA. ¡Lee! Escribe o dibuja un sueño que se relacione con el libro.
Día 11	**Día 12**	**Día 13**	**Día 14**	**Día 15**
Páginas del día 11. Piensa en tres metas de aprendizaje que tengas para el próximo año escolar. ¡Lee! Escribe un capítulo que haga falta o un final alternativo para tu libro.	Páginas del día 12. Usa las tarjetas para mantener tus habilidades afinadas. ¡Lee! Recomienda un libro a un amigo, dándole razones de por qué piensas que le gustará.	Páginas del día 13. Completa una actividad de APTITUDES VELOZ. ¡Lee! Busca una palabra en el diccionario.	Páginas del día 14. Completa una actividad de REVISIÓN DEL CARÁCTER. ¡Lee! Haz un separador de libros que contenga tres dudas que te haya dejado el libro.	Páginas del día 15. Completa una actividad EXTRA. ¡Lee! Comparte con un amigo o familliar algo que hayas aprendido.
Día 16	**Día 17**	**Día 18**	**Día 19**	**Día 20**
Páginas del día 16. Completa una actividad de REVISIÓN DEL CARÁCTER. ¡Lee! Escribe tus reflexiones y sentimientos sobre el libro en un diario.	Páginas del día 17. Completa una actividad de APTITUDES VELOZ. ¡Lee! Haz una conexión entre algo que aparece en el libro que estás leyendo con otro que hayas leído.	Páginas del día 18. Usa las tarjetas para mantener tus habilidades afinadas. ¡Lee! Compara el libro con el mejor libro que hayas leído.	Páginas del día 19. Realiza una actividad EXTRA. ¡Lee! Busca una palabra en el diccionario.	Páginas del día 20. ¡Lee! Califica todos los libros que leíste este verano en una escala del 1 al 5. ¡Recibe una recompensa de final del verano! Podría ser un dulce o una actividad divertida en familia.

Sección 2: calendario

Este calendario contiene sugerencias de actividades para cada día de la semana durante el segundo mes de las vacaciones de verano. ¡No olvides apuntar tus lecturas en el *Cuaderno de lecturas de verano*!

Día 1	Día 2	Día 3	Día 4	Día 5
Páginas del día 1. Completa las METAS MENSUALES. ¡Lee! Comparte con un amigo o familliar algo que hayas aprendido.	Páginas del día 2. Completa una actividad de APTITUDES VELOZ. ¡Lee! Haz una conexión entre algo del libro y algo de tu vida.	Páginas del día 3. Usa las tarjetas para mantener tus habilidades afinadas. ¡Lee! Recomienda un libro a un amigo, dándole razones de por qué piensas que le gustará.	Páginas del día 4. Completa una actividad de REVISIÓN DEL CARÁCTER. ¡Lee! Detente y haz una sinopsis para un amigo o familiar de lo que has leído hasta el momento.	Páginas del día 5. Completa una actividad EXTRA. ¡Lee! Escoge una página que te guste y léesela en voz alta a un amigo o familiar.
Día 6	**Día 7**	**Día 8**	**Día 9**	**Día 10**
Páginas del día 6. Completa una actividad de APTITUDES VELOZ. ¡Lee! Haz una conexión entre algo que aparece en el libro que estás leyendo con otro que hayas leído.	Páginas del día 7. Muestra a un familiar algo que hayas hecho en tu libro de actividades. ¡Lee! Predice qué más menciona el libro.	Páginas del día 8. Completa una actividad de REVISIÓN DEL CARÁCTER. ¡Lee! Escribe tus reflexiones y sent mientos sobre el libro en un diario.	Páginas del día 9. Usa las tarjetas para mantener tus habilidades afinadas. ¡Lee! Lee en voz alta una página como si fueras un presentador de noticias o un actor.	Páginas del día 10. Completa una actividad EXTRA. ¡Lee! Haz un dibujo que se relacione con el libro.
Día 11	**Día 12**	**Día 13**	**Día 14**	**Día 15**
Páginas del día 11. Explica a un familiar algo que quieras aprender en la escuela el próximo año. ¡Lee! Escribe un capítulo que haga falta o un final alternativo para tu libro.	Páginas del día 12. Usa las tarjetas para mantener tus habilidades afinadas. ¡Lee! Escoge una página que te guste y léesela en voz alta a un amigo o familiar.	Páginas del día 13. Completa una actividad de APTITUDES VELOZ. ¡Lee! Busca una pa abra en el diccionario.	Páginas del día 14. Completa una actividad de REVISIÓN DEL CARÁCTER. ¡Lee! Con permiso de un adulto, busca si el autor tiene un sitio web que puedas revisar.	Páginas del día 15. Completa una actividad EXTRA. ¡Lee! Comparte con un amigo o familliar algo que hayas aprendido.
Día 16	**Día 17**	**Día 18**	**Día 19**	**Día 20**
Páginas del día 16. Completa una actividad de REVISIÓN DEL CARÁCTER. ¡Lee! Escribe tus reflexiones y sentimientos sobre el libro en un diario.	Páginas del día 17. Completa una actividad de APTITUDES VELOZ. ¡Lee! Haz una conexión entre algo que aparece en el libro que estás leyendo con otro que hayas leído.	Páginas del día 18. Usa las tarjetas para mantener tus habilidades afinadas. ¡Lee! Predice dos cosas más que mencionará el libro.	Páginas del día 19. Realiza una actividad EXTRA. ¡Lee! Busca una palabra en el diccionario.	Páginas del día 20. ¡Lee! Lee en voz alta una página como si fueras un presentador de noticias o un actor. ¡Recibe una recompensc! Podría ser un dulce o una actividad divertida en familia.

Guía del usuario de la Mochila Esencial
para la Pausa del Verano

RELÁJATE

y lee

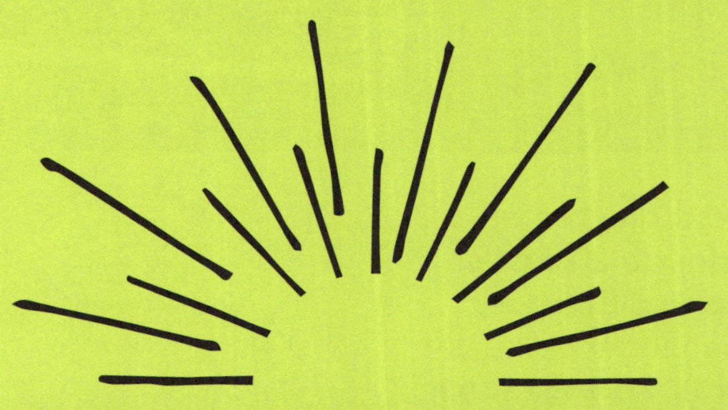

Summer Bridge ACTIVITIES®

¡Prevén las pérdidas de conocimiento veraniegas con solo 15 minutos diarios!

De acuerdo con estudios, en el verano hay alrededor de **2 meses de pérdidas de conocimientos,** y las mayores tienen lugar en las áreas de **matemáticas y ortografía.**

97% **de los maestros** dicen que es importante que los estudiantes, durante el verano, **practiquen lo que aprendieron en la escuela.**

92% **de los maestros** concuerdan en que los estudiantes tendrán más éxito a largo plazo **si durante el verano siguen aprendiendo de alguna u otra manera.**

89% de los padres de familia planean que sus hijos continúen aprendiendo de maneras alternativas durante el verano.

9 de cada 10 padres de familia dicen que si hubieran sabido que sus hijos iban a perder conocimientos durante el verano, **habrían intentado evitarlo.**

84% **de los padres de familia** afirman que si sus hijos **siguen aprendiendo de alguna manera durante el verano,** tendrán más éxito a largo plazo.

Fuentes:
1. Encuesta de Aprendizaje Veraniego de Carson Dellosa Education, diciembre de 2017.
2. De acuerdo con estudios, en el verano hay alrededor de 2 meses de pérdidas de conocimientos, y las mayores tienen lugar en las áreas de matemáticas y ortografía. (http://archive.education.jhu.edu/PD/newhorizons/Journals/spring2010/why-summer-learning/index.html).
3. Las pérdidas de conocimientos del verano se acumulan: los niños que incurren en ellas normalmente no lograr ponerse al corriente durante el otoño. Mientras sus compañeros adquieren más habilidades, ellos se ponen al corriente con lo perdido durante el verano. Para el final del 6° grado, los niños que perdieron conocimientos durante los veranos se encuentran en promedio con 2 años de retraso con respecto a sus compañeros. (http://www.brighthubeducation.com/summer-learning-activities-ideas/78894-how-reading-prevents-summer-earning-loss/).
4. Para el 9° grado, las pérdidas de conocimiento del verano pueden ser las responsables de alrededor de dos terceras partes de la brecha de logros. (http://www.time.com/time/magazine/article/0,9171,2005863,00.html).
5. Los maestros pasan en promedio de 4 a 6 semanas enseñando de nuevo temas que los estudiantes olvidaron durante el verano (Ron Fairchild, Director ejecutivo del Instituto para el Aprendizaje de Verano del Hospital Johns Hopkins: http://www.whatkidscando.org/archives/ whatslearned/WhatIfSummerLearning.pdf).

Cómo usar tu Mochila Esencial de Materiales para la Pausa del Verano

Tu mochila contiene una variedad de materiales para ayudar a que tu hijo aprenda en este verano:

- Un *Libro de actividades para la pausa del verano*
- Tarjetas
- Cuatro libros para lecturas veraniegas de Rourke Educational Media
- Un cuaderno de lecturas de verano (en la parte trasera de esta guía)
- Tres calendarios mensuales (en la parte trasera de esta guía)

Antes de empezar, considera destinar un área de tu casa para las lecturas de verano. Un espacio dedicado a la lectura puede ayudar a motivar a tu hijo, nutrir su creatividad y mejorar su concentración. Deberá tener buena iluminación y un lugar para materiales como lápices, lápices de colores o marcadores y hojas de papel.

Sigue las pautas indicadas abajo para sacar el máximo provecho a cada parte de tu mochila.

Libro de actividades para la pausa del verano

El libro de actividades es el núcleo del programa de aprendizaje de tu hijo. Contiene dos páginas de actividades divertidas para cada día de la semana durante el verano y sirve de apoyo al desarrollo de habilidades de habilidades de lengua y literatura, lectura, matemáticas, ciencia, estudios sociales, aptitudes y desarrollo del carácter. Las habilidades que tu hijo aprendió el año anterior son repasadas al inicio del libro. Las habilidades del año que viene son presentadas al final.

Motiva a tu hijo a que haga uso de las herramientas adicionales del libro de actividades. Corta las tarjetas que se encuentran al final del libro y únelas con un aro o guárdalas en una bolsa con cierre para que puedas llevarlas contigo. Deja que tu hijo use una calcomanía de estrellita para mostrar que completó las actividades de cada día.

Tarjetas

Usa estas útiles tarjetas para practicar habilidades de aprendizaje importantes. Llévalas contigo cuando viajes o salgas a hacer compras. Consulta la tarjeta de fuentes que está en la caja para obtener ideas de juegos y actividades.

Libros para lecturas veraniegas

Incluye cuatro atractivos libros, seleccionados especialmente para la edad de tu hijo: dos de no ficción y dos de ficción. ¡Permite que estos libros sean el inicio de un verano lleno de lecturas placenteras y divertidas para tu hijo!

En cada libro, busca al frente las páginas de *Conexiones entre escuela y casa*. Ofrecen consejos para ayudar a tu hijo a aprender antes y durante la lectura. Mira la contratapa del libro para encontrar preguntas para el intercambio de ideas, así como una actividad para llevar a cabo después de la lectura.

En las páginas 3 a 6 de esta guía del usuario, encuentra aún más consejos para ayudar a tu hijo a aprender leyendo. Estas ideas pueden ser usadas con cualquier libro que tu hijo quiera leer. Incrementarán su compromiso con la lectura y lo ayudarán a maximizar el beneficio y disfrute de las lecturas veraniegas.

Cuaderno de lecturas de verano

Encuentra este cuaderno de fácil uso en la última página de esta guía del usuario. Quizá sea buena idea desprenderlo y colocarlo en un lugar conveniente. Úsalo para dar seguimiento a las lecturas de tu hijo durante el verano, duplicando las páginas según sea necesario. Puedes usarlo también para registrar el progreso hacia un objetivo de lectura, tal como leer 20 libros durante el verano.

Leer por placer es una de las mejores maneras en que tu hijo puede desarrollar habilidades de pensamiento. Visita la biblioteca más cercana con frecuencia y anima a tu hijo a leer todos los días. Encuentra sugerencias de lecturas en el *Libro de actividades para la pausa del verano* a partir de la página viii.

Calendarios mensuales

Las tres páginas con calendarios al final de esta guía del usuario corresponden aproximadamente a los tres meses de una vacación de verano típica. Podrías pegar cada calendario en el refrigerador o en cualquier otro lugar conveniente.

Los calendarios incluyen sugerencias de actividades para el aprendizaje para cada día del verano. Anima a tu hijo a hacer tantas como le sean posibles. Trata de dedicar al menos 15 minutos cada día a actividades de aprendizaje. Esto ayudará a tu hijo a mantener sus aptitudes y prepararlo para el próximo año escolar.

¡Nadie conoce mejor a tu hijo que tú! No dudes en modificar el número o tipo de actividades para adecuarlas a sus necesidades. Está bien si lo ayudas o si se toman un descanso y retoman la actividad otro día. Usa tu creatividad para hacerla más o menos difícil, para incluirla en un proyecto divertido o para conectarla con la vida de tu hijo.

¡Comencemos! ¡Tu hijo está por iniciar un verano lleno de diversión y aprendizaje!

★ GUÍA DE LECTURAS VERANIEGAS: FICCIÓN ★

Leer obras de ficción es una gran manera de hacer que tu hijo use su imaginación, ejercite el pensamiento y las habilidades de solución de problemas y crezca su capacidad de empatía con gente diferente.

Encuentra sugerencias de libros de ficción adecuados para su edad e intereses en el *Libro de actividades para la pausa del verano* a partir de la página viii.

Usa las ideas de las secciones siguientes para fortalecer su compromiso con y aprendizaje de cada libro que tu hijo quiera leer.

ANTES DE LEER

Vista previa

Mira el libro y haz que tu hijo se emocione por leerlo. Examina la tapa y lee la sinopsis de la contratapa. Toma el libro y hojéalo. ¿Tiene capítulos? ¿Ilustraciones? ¿Es más largo o más corto que otros libros que suelas leer?

Conecta

Piensa cómo se relaciona el cuento con tus propias experiencias. ¿El personaje principal es más joven o más viejo que tú? ¿Vive en un lugar familiar o extraño? ¿Los personajes podrían encontrarse en situaciones por las que has pasado?

Activa los conocimientos que puedas tener sobre el cuento. Por ejemplo, si el cuento es sobre un viaje en bote, recuerda tus propias experiencias en el agua.

Haz predicciones

Apunta tus reflexiones en un pedazo de papel que podrás usar como separador. Explica el porqué de tus predicciones.

DURANTE LA LECTURA

Detente y revisa

Cuando te encuentres con una palabra desconocida, haz una pausa e intenta diversas estrategias para desentrañar su significado. Lee de nuevo el texto alrededor de esa palabra para encontrar pistas que te ayuden a entender qué significa. Habla con alguien acerca del significado de esa palabra. Busca la palabra en un diccionario en línea o impreso. Te convendrá hacer una lista de las palabras nuevas que hayas aprendido.

Haz un pausa y predicciones

Ocasionalmente, haz una pausa en la lectura y piensa acerca del cuento. ¿Qué ha sucedido hasta ahora? ¿Qué dificultades enfrentan los personajes? ¿Qué decisiones piensas que tomarán? Usa evidencias de otras partes del cuento para respaldar tus respuestas.

Identifica los elementos del cuento

Conforme lees y comentas el cuento, usa la terminología relacionada con la ficción.

¿Cuáles son los *personajes* de este cuento? ¿Cuáles son los *rasgos* de los personajes?

¿Cuál es el *escenario* del cuento? ¿El escenario es importante para el cuento,
o podría llevarse a cabo en cualquier lugar?

¿Qué *sucesos* conforman la *trama* del cuento? ¿Por qué o cómo ocurre cada *suceso*?

¿Cuál es el *conflicto* que el personaje principal enfrenta? ¿Qué dice o hace para resolver el conflicto?

DESPUÉS DE LA LECTURA

Verifica la comprensión

Asegúrate de haber entendido por completo el cuento que acabas de leer. Si hay partes que no quedaron claras, léelas de nuevo. Hazte preguntas básicas (por ejemplo: ¿en casa de quién se llevo a cabo la pijamada?), así como preguntas que requieren un pensamiento más complejo (por ejemplo: ¿cómo se sentía el personaje al principio y al final de la fiesta?). Si el libro incluye preguntas diseñadas para verificar la comprensión de lectura, úsalas para ponerte a prueba.

Intercambia ideas

Habla acerca del cuento con un amigo o familiar. ¿Cómo te hizo sentir el final? ¿Qué dudas te dejó? ¿Estás de acuerdo o en desacuerdo con las decisiones del personaje principal? Comparte tus partes preferidas del cuento y describe por qué son memorables o significativas.

Amplía

Amplía el disfrute del cuento al conectarlo con un proyecto, actividad o exploración divertidos. Sé creativo y aporta tus propias ideas, o prueba alguna de estas:

- Escribe un final diferente.
- Haz un cómic o una novela gráfica basada en el cuento.
- Escribe un pequeño guión basado en el cuento y actúalo con tus amigos.
- Haz una línea del tiempo o un mapa para representar el cuento.
- Escribe un correo electrónico al autor para decirle lo que te gustó del cuento y lo que aprendiste de él.

★ ★ ★ ★ GUÍA DE LECTURAS VERANIEGAS: NO FICCIÓN ★ ★ ★ ★

Leer no ficción representa una forma ideal de lograr que tu hijo adquiera conocimientos fascinantes sobre el mundo, ejercite sus habilidades de pensamiento crítico y practique la lectura como adquisición de información, una habilidad que usará toda su vida en un mundo cada vez más complejo.

Encuentra sugerencias de libros de no ficción adecuados para su edad e intereses en el *Libro de actividades para la pausa del verano* a partir de la página viii.

Usa las ideas de las secciones siguientes para fortalecer su compromiso con y aprendizaje de cada libro de no ficción que tu hijo quiera leer.

ANTES DE LEER

Vista previa

Mira el libro. Examina la imagen de la tapa y lee la sinopsis de la contratapa. Toma el libro y hojéalo. ¿Tiene capítulos? ¿Ilustraciones o fotografías? ¿Es más largo o más corto que otros libros que suelas leer?

Haz predicciones

Haz varias predicciones sobre lo que piensas que tratará el libro. ¿Qué tipo de hechos incluirá? ¿Qué preguntas responderá? Apunta tus reflexiones en un pedazo de papel que podrás usar como separador. Explica el porqué de tus predicciones.

Conecta

Piensa cómo se relaciona el libro con tus propios conocimientos. Si el libro habla de un tema que conoces bien, ¿qué nuevas cosas esperas aprender? Si el libro habla de un tema nuevo para ti, ¿qué esperas aprender?

Ya sea que el tema te resulte familiar o desconocido, activa los conocimientos que puedas tener al respecto. Por ejemplo, si el libro es sobre la *Estación Espacial Internacional*, recuerda lo que sabes sobre la estación: su objetivo, localización en el espacio, cantidad de años en el espacio, etcétera.

DURANTE LA LECTURA

Detente y revisa

Cuando te encuentres con una palabra desconocida, haz una pausa e intenta diversas estrategias para desentrañar su significado. Lee de nuevo el texto alrededor de esa palabra para encontrar pistas que te ayuden a descubrir su significado. Habla con alguien acerca del significado de esa palabra. Busca la palabra en un diccionario en línea o impreso. Te convendrá hacer una lista de las palabras nuevas que hayas aprendido.

Haz un pausa y predicciones

Ocasionalmente, haz una pausa en la lectura y piensa acerca del libro. ¿Qué dudas sobre el tema han sido respondidas hasta el momento y cuáles quedan aún sin respuesta? ¿Qué información piensas que encontrarás más adelante? Razona tus respuestas usando evidencias de otras partes del libro.

Identifica la información relevante

Conforme lees y comentas el libro, usa la terminología relacionada con la no ficción.

¿Cuál es la *idea principal* del libro? ¿Qué es lo que el autor más desea que entiendas y recuerdes?

¿Qué *hechos* son mencionados para respaldar la idea principal?

¿Qué *características de texto* incluye?¿El libro tiene fotografías o ilustraciones con *pies de foto*, palabras en *negritas*, un *índice*, *encabezados* de capítulos y secciones o un *glosario*? ¿Cómo ayudan estas características a usar el libro y entender el tema?

DESPUÉS DE LA LECTURA

Verifica la comprensión

Asegúrate de haber entendido por completo el texto que acabas de leer. Si hay partes que no quedaron claras, léelas de nuevo. Hazte preguntas básicas (por ejemplo: ¿cuándo fue puesta en órbita la *Estación Espacial Internacional*?), así como preguntas que requieren un pensamiento más complejo (por ejemplo: ¿quién obtiene mayores beneficios del trabajo realizado en la *Estación Espacial Internacional*?). Si el libro incluye preguntas diseñadas para verificar la comprensión de lectura, úsalas para ponerte a prueba.

Intercambia ideas

Habla acerca del libro con un amigo o familiar. ¿Qué aprendiste sobre el tema? ¿Qué más quieres aprender al respecto? ¿Cómo puedes encontrar respuestas a tus preguntas? Menciona tres hechos y tres opiniones acerca del tema, asegurándote de distinguir entre hecho y opinión.

Amplía

Amplía el disfrute del libro al conectarlo con un proyecto, actividad o exploración divertidos. Sé creativo y aporta tus propias ideas, o prueba alguna de estas:

- Haz un podcast breve o video breve acerca del libro.
- Haz dibujos, cuadros o gráficas simples para mostrar información del libro.
- Escribe un artículo de revista o periódico sobre el libro.
- Con permiso de un adulto, escribe una reseña en línea sobre el libro.
- Visita un museo o lugar similar para aprender más sobre el tema.

Sección 1: calendario

Este calendario contiene sugerencias de actividades para cada día de la semana durante el primer mes de las vacaciones de verano. ¡No olvides apuntar tus lecturas en el *Cuaderno de lecturas de verano*!

Día 1	Día 2	Día 3	Día 4	Día 5
Páginas del día 1. Completa las METAS MENSUALES. ¡Lee! Comparte con un amigo o familliar algo que hayas aprendido.	Páginas del día 2. Completa una actividad de APTITUDES VELOZ. ¡Lee! Haz una conexión entre algo del libro y algo de tu vida.	Páginas del día 3. Usa las tarjetas para mantener tus habilidades afinadas. ¡Lee! Haz un dibujo que se relacione con el libro.	Páginas del día 4. Completa una actividad de REVISIÓN DEL CARÁCTER. ¡Lee! Detente y haz una sinopsis para un amigo o familiar de lo que has leído hasta el momento.	Páginas del día 5. Completa una actividad EXTRA. ¡Lee! Escoge una página que te guste y léesela en voz alta a un amigo o familiar.

Día 6	Día 7	Día 8	Día 9	Día 10
Páginas del día 6. Completa una actividad de APTITUDES VELOZ. ¡Lee! Haz una conexión entre algo que aparece en el libro que estás leyendo con otro que hayas leído.	Páginas del día 7. Muestra a un familiar algo que hayas hecho en tu libro de actividades. ¡Lee! Predice qué más menciona el libro.	Páginas del día 8. Completa una actividad de REVISIÓN DEL CARÁCTER. ¡Lee! Escribe tus reflexiones y sentimientos sobre el libro en un diario.	Páginas del día 9. Usa las tarjetas para mantener tus habilidades afinadas. ¡Lee! Lee en voz alta una página como si fueras un presentador de noticias o un actor.	Páginas del día 10. Completa una actividad EXTRA. ¡Lee! Haz un dibujo que se relacione con el libro.

Día 11	Día 12	Día 13	Día 14	Día 15
Páginas del día 11. Explica a un familiar algo que hayas aprendido en la escuela el año pasado. ¡Lee! Detente y haz una sinopsis para un amigo o familiar de lo que has leído hasta el momento.	Páginas del día 12. Usa las tarjetas para mantener tus habilidades afinadas. ¡Lee! Escoge una página que te guste y léesela en voz alta a un amigo o familiar.	Páginas del día 13. Completa una actividad de APTITUDES VELOZ. ¡Lee! Busca una palabra en el diccionario.	Páginas del día 14. Completa una actividad de REVISIÓN DEL CARÁCTER. ¡Lee! Haz una conexión entre algo del libro y algo de tu vida.	Páginas del día 15. Completa una actividad EXTRA. ¡Lee! Comparte con un amigo o familliar algo que hayas aprendido.

Día 16	Día 17	Día 18	Día 19	Día 20
Páginas del día 16. Completa una actividad de REVISIÓN DEL CARÁCTER. ¡Lee! Escribe tus reflexiones y sentimientos sobre el libro en un diario.	Páginas del día 17. Completa una actividad de APTITUDES VELOZ. ¡Lee! Haz una conexión entre algo que aparece en el libro que estás leyendo con otro que hayas leído.	Páginas del día 18. Usa las tarjetas para mantener tus habilidades afinadas. ¡Lee! Predice qué más menciona el libro.	Páginas del día 19. Realiza una actividad EXTRA. ¡Lee! Busca una palabra en el diccionario.	Páginas del día 20. ¡Lee! Lee en voz alta una página como si fueras un presentador de noticias o un actor. ¡Recibe una recompensa! Podría ser un dulce o una actividad divertida en familia.

Lee el pasaje. A continuación, responde las preguntas.

Nutrition

The food you eat helps your body grow. It gives you energy to work and play. Eating a variety of good foods each day will help you stay healthy. What you eat and how much food you need depend on your body type and how quickly it burns calories, how active you are, and your age. With an adult's help, find out more about foods that can help you stay healthy and plan a delicious, nutritious meal together!

1. Why should you eat a variety of foods? _______________________________

   ____

2. What are some things that can affect how much food you need?____________

   ____

3. From which food group did you eat the least today? __________________

   ____

4. Which of your meals included the most food groups today? _______________

   ____

Encierra en un círculo cada uno de los *sustantivos* (nouns) que deban empezar con mayúscula.

5. My friends emmett and hugo want to join the boy scouts.

6. When his family was in idaho, rashad floated down snake river.

7. Does your cousin sierra go to winn elementary school?

8. Last night, doug stopped at brookstown mall to buy a gift.

9. I heard that ms. hernandez's class visited the lincoln memorial in washington, d.c.

10. Have you ever visited niagara falls in canada?

DÍA 19

Resuelve cada problema.

11. Jennifer compró una bolsa de manzanas por 2.50 dólares. El impuesto era de 19 centavos. Usó un cupón de descuento de 42 centavos. ¿Cuánto pagó?

12. Bradley compró una camisa por 5 dólares menos de su precio original, que era de 24 dólares. El impuesto era de 1.40 dólares. ¿Cuánto pagó Bradley?

13. Elise tiene un trabajo de niñera. Trabajó 4 horas el miércoles y 5 horas el viernes. Gana 5 dólares por hora. ¿Cuánto dinero ganó?

14. Mai tenía 38 dólares. Después de comprar 5 bolsas de detergente, le quedaron 3 dólares. ¿Cuánto costó cada bolsa de detergente?

Dibuja una línea para conectar cada palabra con su significado.

EJEMPLO:

honorable		a kind of lamp
15. current		to make clearly known
16. knowledge		having a good reputation
17. suspicion		occupation, source of livelihood
18. exact		leaving no room for error, accurate
19. lantern		now in progress
20. profession		information, awareness, understanding
21. universal		worldwide, understood by all
22. agriculture		the science and art of farming
23. declare		doubt

ACONDICIONAMIENTO FÍSICO:
Haz 10 encogimientos de hombros.

* Ve la página ii.

COLOCA UNA ESTRELLA AQUÍ

Convierte cada *fracción impropia* (improper fraction) en un *número mixto* (mixed number).

EJEMPLO:
$$\frac{5}{4} = 1\frac{1}{4}$$

1. $\frac{11}{3} =$

2. $\frac{9}{8} =$

3. $\frac{8}{3} =$

4. $\frac{5}{2} =$

5. $\frac{7}{4} =$

6. $\frac{10}{3} =$

7. $\frac{11}{10} =$

8. $\frac{10}{7} =$

9. $\frac{19}{8} =$

10. $\frac{25}{10} =$

11. $\frac{9}{5} =$

12. $\frac{31}{10} =$

13. $\frac{23}{10} =$

14. $\frac{17}{8} =$

15. $\frac{13}{3} =$

El Congreso Continental adoptó la primera bandera oficial estadounidense el 14 de junio de 1777. La bandera estadounidense fue un símbolo de unidad para el país naciente.

Diseña y dibuja tu propia bandera. Luego, escribe un párrafo en una hoja aparte explicando lo que simboliza tu bandera. ¿Qué significan los colores? ¿Qué representan las imágenes?

DÍA 20

Puedes utilizar esta pirámide de actividades para ayudarte a planificar tu programa de ejercicios de verano. Rellena cada espacio en blanco.

16. Enumera una cosa que no sea un buen ejercicio y que podrías omitir en tu programa de verano.

a. ____

17. Enumera tres ejercicios que podrías hacer para aumentar la fuerza y la flexibilidad.

a. _______________________

b. _______________________

c. _______________________

18. Enumera dos deportes que te gustaría practicar.

a. _______________________

b. _______________________

Adaptada del Consejo Presidencial para el Acondicionamiento Físico y los Deportes

Enumera tres cosas cotidianas que podrías hacer para moverte más a menudo.

19. ____

20. ____

21. ____

PRUEBA DE CARÁCTER: Haz un dibujo de tu mejor amigo y de ti. Muéstrale el dibujo a un adulto y explícale por qué te gusta ser amigo de esta persona.

* Ve la página ii.

Cómo determinar la frecuencia cardíaca

El corazón es uno de los órganos más importantes del cuerpo porque ayuda al funcionamiento de todos los órganos. Es importante mantener el corazón bombeando a un ritmo saludable. Entonces, ¿cómo saber a qué velocidad está bombeando tu corazón?

Materiales:

- cronómetro o reloj con segundero

Procedimiento:

1. Coloca los dedos índice y medio justo debajo de tu mandíbula, donde se une al cuello. Deberás sentir los latidos de tu corazón. Una gran arteria que suministra sangre al cerebro se encuentra allí. Cuenta el número de latidos durante seis segundos. Multiplica ese número por 10 para determinar tu frecuencia cardíaca. Registra tu frecuencia cardíaca en la tabla de abajo.

2. Ahora, mide lo rápido que late tu corazón después de ciertas actividades. Completa la tabla para registrar tus resultados. Realiza cada actividad durante un minuto. A continuación, mide tu frecuencia cardíaca utilizando el recuento de seis segundos.

Actividad	Número de pulsaciones en seis segundos	Latidos por minuto (multiplica por 10)
En reposo.		
Corriendo en un mismo lugar.		
Dando saltos de tijera.		
Haciendo lagartijas.		

Conclusión:

Tu corazón bombea sangre, oxígeno y energía a todo el cuerpo. Mientras más ejercicio hagas, más rápido necesita bombear tu corazón. Por eso, actividades como correr en un mismo lugar hacen que tu corazón lata más rápido de lo que late en reposo. Correr requiere más energía que estar en reposo.

Continúa este experimento con otras actividades. ¿Qué es lo que más aumenta tu ritmo cardíaco? ¿Y lo que menos? ¿Cómo te sientes cuando tu corazón late más rápido?

EXTRA

Haz una columna vertebral

¿Dónde estarías sin tu columna vertebral? No podrías caminar. Ni siquiera podrías sentarte en una silla. La columna vertebral es una estructura increíble. Sin ella, no podrías hacer casi nada. Haz un modelo de columna vertebral para que veas lo importante que es.

Materiales:

- 11 tubos de cartón (cortos)
- perforadora
- 11 bandas elásticas (de 2 pulgadas o unos 5 cm de largo)
- tijeras

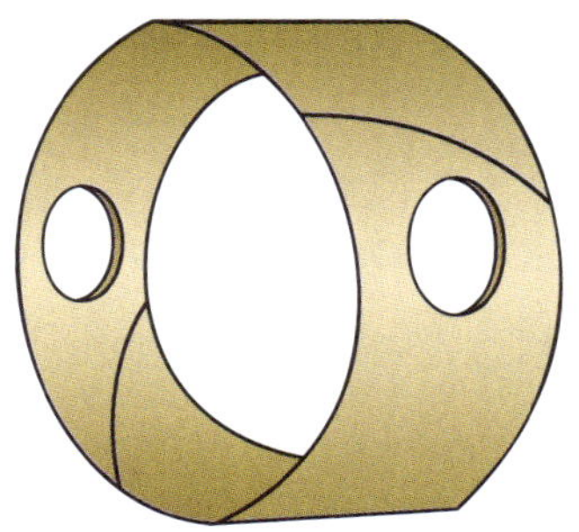

Procedimiento:

1. Corta con cuidado cada tubo de cartón en tercios.
2. Haz dos agujeros en los lados opuestos de cada tubo.
3. Enlaza las bandas elásticas para formar una cuerda larga. Enhebra la cuerda a través de los agujeros de las secciones de los tubos, de uno en uno. Cuando todas las secciones estén enhebradas en la cuerda de bandas elásticas, ata la cuerda en la parte superior e inferior.
4. Ahora, experimenta con tu modelo de columna vertebral. Dóblalo en diferentes direcciones para ver si tiene alguna limitación. Intenta averiguar qué ocurriría si una o varias secciones se dañaran o tuvieran que ser retiradas.

Conclusión:

La columna vertebral es la principal estructura de soporte del cuerpo, lo que significa que debe tener una gran rigidez. Al mismo tiempo, debe ser flexible para permitir la torsión, el giro y la flexión. La columna vertebral humana tiene 33 vértebras. Permiten el balanceo y la flexión y, al mismo tiempo, un soporte para la cabeza y un lugar al cual sujetar las costillas y la pelvis.

Busca imágenes de las vértebras de diferentes animales. ¿Cómo se comparan tus vértebras con las de una jirafa? ¿Cómo se comparan con las de una serpiente?

Un lugar famoso

Investiga un lugar famoso del mundo. Toma notas en las siguientes líneas. A continuación, diseña un anuncio que anime a los viajeros a visitar ese lugar emblemático. Incluye información sobre la ubicación del monumento y datos interesantes sobre su historia.

EXTRA

La Iditarod®

La Iditarod® es una carrera de trineos de perros que atraviesa Alaska. La siguiente tabla indica las distancias aproximadas entre los puntos de control a lo largo de la carrera. Utilizando la escala **1 pulgada = 5 millas (8 km)**, determina cuántas longitudes de la escala se necesitarían para mostrar cada distancia en un mapa. Escribe tus respuestas en los espacios en blanco de abajo.

Puestos de control	Distancia entre los puestos de control
De Kaltag a Unalakleet	90 millas (144.8 km)
De Unalakleet a Shaktoolik	40 millas (64.4 km)
De Shaktoolik a Koyuk	50 millas (80.5 km)
De Koyuk a Elim	50 millas (80.5 km)
De Elim a Golovin	30 millas (48.3 km)
De Golovin a White Mountain	20 millas (32.2 km)
De White Mountain a Safety	55 millas (88.5 km)
De Safety a Nome	20 millas (32.2 km)

	Millas	Número de longitudes, escala de 1 pulgada
1. De White Mountain a Safety	__________	__________
2. De Koyuk a Elim	__________	__________
3. De Safety a Nome	__________	__________
4. De Unalakleet a Shaktoolik	__________	__________
5. De Elim a Golovin	__________	__________
6. De Golovin a White Mountain	__________	__________
7. De Kaltag a Unalakleet	__________	__________
8. De Shaktoolik a Koyuk	__________	__________

Zonas horarias

Este mapa muestra las zonas horarias de Estados Unidos. Utiliza este mapa de zonas horarias para responder cada pregunta.

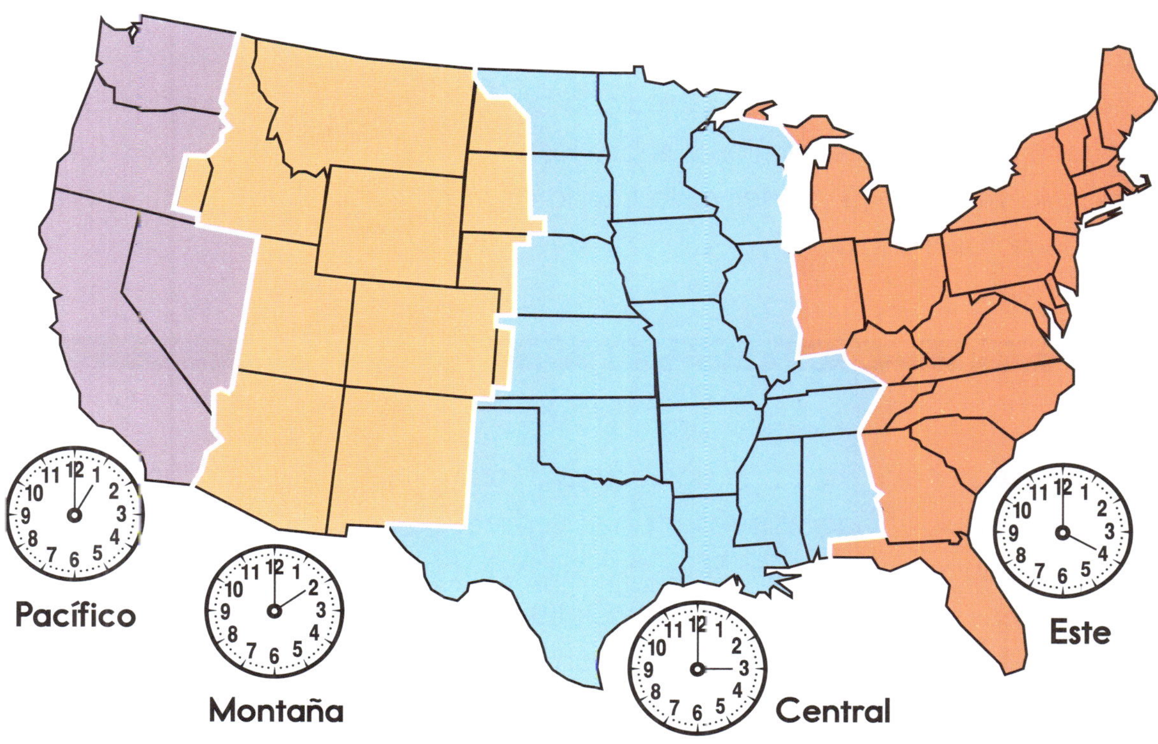

1. Si son las 2:00 p.m. en Washington, D.C., ¿qué hora es en Alabama? ____________

2. Si es mediodía en California, ¿qué hora es en Wyoming? ____________

3. Si son las 9:00 a.m. en Montana, ¿qué hora es en Iowa? ____________

4. Si son las 6:00 p.m. en Carolina del Norte, ¿qué hora es en Arizona? ____________

5. Si es la 1:00 p.m. en Maine, ¿qué hora es en Nevada? ____________

EXTRA

¡Vamos afuera!

Cuando llega el verano, los insectos están muy activos. Aprovecha esta época para observar una gran variedad de insectos. Las luciérnagas, las hormigas, las mariquitas y otros escarabajos te proporcionarán muchas oportunidades de aprendizaje. Examina los insectos y sus hábitos. Observa lo que comen y cómo se mueven. Asegúrate de no tocar ni molestar a los insectos. Lleva un diario para escribir tus observaciones. Visita una biblioteca para encontrar varios libros sobre los insectos que estudiaste. Lee los libros y compara la información que observaste con la que leíste. Comparte con un amigo o familiar lo que has aprendido.

Sal a dar un paseo al aire libre con una cámara fotográfica en compañía de un adulto. Toma varias fotos que te hagan pensar en el verano, como por ejemplo, fotos de las luciérnagas brillando al atardecer. Si te es posible, imprime las fotos y busca semejanzas y diferencias, y coloca las fotos en grupos. Determina varios porcentajes basándote en tus agrupaciones, como por ejemplo, qué porcentaje de las fotos contiene agua. Haz un gráfico con tus resultados.

El verano es la época perfecta para encontrar una variedad de alimentos saludables porque muchos cultivos se cosechan en verano. Acompaña a un adulto a visitar un mercado local de agricultores, un vivero o una tienda de artículos de jardinería. Averigua qué alimentos crecen mejor en tu zona. Habla con los granjeros, jardineros y tenderos de la zona para que te expliquen la importancia de consumir alimentos cultivados localmente. Anima a tu familia a comprar y comer esos alimentos deliciosos y saludables.

* Ve la página ii.

Objetivos mensuales

Piensa en tres objetivos que quieras cumplir este mes. Por ejemplo, tal vez quieras hacer ejercicio cada día durante 30 minutos. Escribe tus objetivos en las líneas y revísalos con un adulto.

Pega una estrella junto a cada objetivo que cumplas. Siéntete orgulloso de haber cumplido tus objetivos.

1. ____ COLOCA UNA ESTRELLA AQUÍ

2. ____ COLOCA UNA ESTRELLA AQUÍ

3. ____ COLOCA UNA ESTRELLA AQUÍ

Lista de palabras

En esta sección se utilizan las siguientes palabras. Son palabras que te convendrá conocer. Utiliza un diccionario para buscar todas las palabras que no conozcas. A continuación, escribe dos oraciones en inglés. Utiliza al menos una palabra de la lista de palabras en cada oración.

community (comunidad)　　　　　　opinion (opinión)
fraction (fracción)　　　　procedure (procedimiento)
furrowed (surcado)　　　　traditional (tradicional)
material (material)　　　transportation (transporte)

1. ____

____

2. ____

____

Introducción a la fuerza

Esta sección incluye actividades de acondicionamiento físico y desarrollo del carácter que se enfocan en la fuerza. Estas actividades están diseñadas para mantenerte en movimiento y para hacerte pensar en fortalecer tu cuerpo y tu carácter. Si tienes movilidad limitada, no dudes en modificar los ejercicios sugeridos y adaptarlos a tus capacidades individuales.

Fuerza física

Al igual que la flexibilidad, la fuerza es necesaria para tener una buena salud. Mucha gente piensa que una persona fuerte es quien puede levantar una enorme cantidad de peso. Sin embargo, la fuerza no es solo levantar pesas. La fuerza se desarrolla con el tiempo. Ahora eres más fuerte que cuando estabas en preescolar. ¿Qué actividades puedes hacer ahora que no podías hacer entonces?

Puedes aumentar tu fuerza haciendo actividades cotidianas y muchos ejercicios divertidos. Carga las bolsas de las compras para fortalecer los brazos. Anda en bicicleta para fortalecer las piernas. Nada para fortalecer todo el cuerpo. Ejercicios como las flexiones de brazos y las dominadas también son fantásticas para desarrollar la fuerza.

Establece objetivos este verano para mejorar tu fuerza. Basa tus objetivos en actividades que te gusten. Habla de tus objetivos con un adulto. A medida que vayas cumpliendo tus objetivos, establece otros nuevos. ¡Celebra tu cuerpo, que ahora será más fuerte y saludable!

Fortaleza de carácter

Al mismo tiempo que desarrollas tu fuerza física, trabaja también tu fortaleza interior. Tener un carácter fuerte significa defender tus creencias, incluso si los demás no están de acuerdo con tu punto de vista.

La fortaleza interior puede demostrarse de muchas maneras. Por ejemplo, puedes mostrar tu fortaleza interior siendo honesto, defendiendo a alguien que necesita tu ayuda y haciendo tu mejor esfuerzo en cada tarea. La fortaleza interior no siempre es fácil de demostrar. ¿Recuerdas alguna vez en la que hayas utilizado tu fortaleza interior para manejar una situación, como cuando otro niño se burló de ti en el parque?

Mejora tu fortaleza interior durante el verano. Piensa en formas de mostrar fortaleza de carácter, como por ejemplo, respetando a todos los que practican un deporte, así ganen o pierdan. Reflexiona sobre tu crecimiento positivo. ¡Siéntete orgulloso de tu fortaleza de carácter!

Inclinación de tríceps

Pide a un adulto que te ayude a realizar inclinaciones para fortalecer los tríceps, que son los músculos de la parte posterior de los brazos. Busca una silla o un banco resistentes. Si utilizas una silla, haz que un adulto sostenga el respaldo para mantener el equilibrio. Ponte de espaldas a la silla. Coloca ambas manos en el borde del asiento. Extiende las piernas de modo que te sostengas con los brazos. Baja el cuerpo hasta que la parte superior de los brazos esté paralela al asiento. A continuación, empújate hacia arriba. Repite varias veces para ver cuántas inclinaciones puedes completar. Prueba esta actividad varias veces a la semana. Lleva la cuenta de tu progreso a lo largo del verano.

* Ve la página ii.

Un *prefijo* (prefix) se añade al principio de una palabra base. Un *sufijo* (suffix) se añade al final de una palabra base. Añade el prefijo *mis-*, *un-* o *re-* a cada palabra. A continuación, escribe una oración con la palabra completa.

1. _____ lucky _______________________________________

2. _____ judge _______________________________________

3. _____ spell _______________________________________

4. _____ fill _______________________________________

5. _____ build _______________________________________

Añade el sufijo *-er*, *-less*, *-ful* o *-ed* a cada palabra. A continuación, escribe una oración con la palabra completa.

6. use _______ _______________________________________

7. spell _______ _______________________________________

DÍA 1

Una *opinión* (opinion) es una creencia o punto de vista que no se basa en hechos. Probablemente tengas muchas opiniones sobre cosas, como el mejor sabor de helado o qué animal es la mejor mascota. Las personas pueden estar más dispuestas a escuchar y estar de acuerdo con tus opiniones si las expones de forma clara y persuasiva. En una hoja aparte, escribe un ensayo persuasivo de tres párrafos sobre uno de los temas que se proporcionan. Procura escribir en inglés.

1. People should always wear seat belts.
2. Children should be able to eat whatever they want.
3. Students should never have to do homework.
4. We should help people in other countries.

DATO: Ninguna palabra de la lengua inglesa rima con *film, gulf* o *wolf.*

52

Multiplica para encontrar cada producto.

1. $\begin{array}{r} 12 \\ \times\ 6 \\ \hline \end{array}$	2. $\begin{array}{r} 12 \\ \times\ 4 \\ \hline \end{array}$	3. $\begin{array}{r} 22 \\ \times\ 6 \\ \hline \end{array}$	4. $\begin{array}{r} 18 \\ \times\ 2 \\ \hline \end{array}$	5. $\begin{array}{r} 23 \\ \times\ 4 \\ \hline \end{array}$
6. $\begin{array}{r} 23 \\ \times\ 7 \\ \hline \end{array}$	7. $\begin{array}{r} 34 \\ \times\ 6 \\ \hline \end{array}$	8. $\begin{array}{r} 16 \\ \times\ 5 \\ \hline \end{array}$	9. $\begin{array}{r} 78 \\ \times\ 5 \\ \hline \end{array}$	10. $\begin{array}{r} 86 \\ \times\ 7 \\ \hline \end{array}$

Lee cada oración. Si es una *oración completa* (complete sentence), escribe *C* en la línea. Si es un *fragmento* (fragment), escribe *F*, y si es una *oración corrida* (run-on sentence), escribe *R*. A continuación, elige un fragmento y una oración corrida para reescribirlas correctamente en las líneas largas.

11. _________ Went to the YMCA on Friday afternoon.

12. _________ Maya's favorite subject is science because she likes doing experiments.

13. _________ Bryson went to the waterpark on Saturday he went to the library on Sunday.

14. _________ Lakesia volunteers at the animal shelter with her aunt.

15. _________ After school, the students met in the cafeteria they wanted to plan the school dance.

16. _________ Forgot the permission slip for the field trip.

____

____

ACONDICIONAMIENTO FÍSICO:
Haz 10 estocadas.

* Ve la página ii.

DÍA 2

Completa cada tabla.

17. 5 monedas de un centavo = 1 moneda de cinco centavos

monedas de un centavo	5	10	15	20	25	30
monedas de cinco centavos	1					

18. 10 monedas de 10 centavos = 1 dólar

monedas de 10 centavos	10	20	30			
dólares	1	2				

19. 6 latas de jugo = 1 cartón

latas	6	12		24		36
cartones	1		3		5	

Divide para encontrar cada *cociente* (quotient).

EJEMPLO:

$$20\overline{)48} \quad \begin{array}{r} 2\ R8 \\ \hline -40 \\ \hline 8 \end{array}$$

20. $30\overline{)189}$

21. $70\overline{)456}$

22. $80\overline{)504}$

23. $30\overline{)281}$

24. $60\overline{)246}$

25. $90\overline{)458}$

26. $60\overline{)573}$

27. $40\overline{)172}$

Cuando un *objeto entero* (whole object) se divide en 100 partes iguales, cada parte es la centésima parte ($\frac{1}{100}$ or 0.01). Escribe cada *fracción* (fraction) como un *decimal* (decimal).

EJEMPLO:

$\frac{49}{100}$ = __0__ . __49__

1. $\frac{25}{100}$ = _____ . _____

2. $\frac{20}{100}$ = _____ . _____

3. $\frac{86}{100}$ = _____ . _____

4. $\frac{37}{100}$ = _____ . _____

5. $\frac{9}{100}$ = _____ . _____

Escribe cada *número mixto* (mixed number) como un *decimal* (decimal).

6. $1\frac{93}{100}$ = _____ . _____

7. $7\frac{15}{100}$ = _____ . _____

8. $15\frac{47}{100}$ = _____ . _____

9. $46\frac{89}{100}$ = _____ . _____

10. $35\frac{6}{100}$ = _____ . _____

11. $625\frac{12}{100}$ = _____ . _____

Utiliza un *tesauro* (thesaurus) impreso o en línea para ayudarte a escribir dos *sinónimos* (synonyms) para cada palabra que aparece a continuación.

12. beautiful _________________________   _________________________

13. detest _________________________   _________________________

14. courageous _________________________   _________________________

15. observe _________________________   _________________________

16. peculiar _________________________   _________________________

17. fascinating _________________________   _________________________

DÍA 3

Escribe >, < o = para comparar cada par de *fracciones* (fractions). Utiliza la tabla de fracciones como ayuda.

18. $\frac{1}{2}$ ◯ $\frac{1}{4}$ 19. $\frac{2}{3}$ ◯ $\frac{1}{3}$

20. $\frac{1}{4}$ ◯ $\frac{1}{6}$ 21. $\frac{2}{6}$ ◯ $\frac{1}{3}$

22. $\frac{4}{8}$ ◯ $\frac{2}{10}$ 23. $\frac{1}{12}$ ◯ $\frac{1}{10}$

24. $\frac{3}{4}$ ◯ $\frac{2}{8}$ 25. $\frac{2}{5}$ ◯ $\frac{1}{3}$

26. $\frac{3}{8}$ ◯ $\frac{10}{12}$ 27. $\frac{2}{8}$ ◯ $\frac{1}{4}$

28. $\frac{1}{5}$ ◯ $\frac{2}{10}$ 29. $\frac{1}{3}$ ◯ $\frac{2}{4}$

A veces, el *lenguaje informal* (informal language) es apropiado. Otras veces, es necesario un *lenguaje formal* (formal language). Lee cada par de oraciones. Escribe *I* al lado de las oraciones con lenguaje informal y *F* al lado de las oraciones con lenguaje formal.

30. ________ It's been a pleasure speaking with you.

________ Talk to ya soon!

31. ________ This is totally unbelievable, but an anaconda can grow to be a whopping 30 feet!

________ The anaconda, a South American water snake, can grow to be 30 feet in length.

32. ________ I look forward to seeing you again soon.

________ Catch you later!

DÍA 4

La *personificación* (personification) consiste en dar características humanas a algo que no es humano. Utiliza la personificación para responder cada pregunta.

1. What would a pencil say to a hand?

   ____

2. What would a carpet say to a foot? _______________________

   ____

3. What would a basketball say to a basketball player?_______________

   ____

4. What would a skateboard say to a skateboarder? _______________

   ____

La Tierra tiene muchos tipos de insectos, pero siempre hay espacio para uno más. Crea un nuevo insecto. Escribe cómo es, dónde vive, qué come y qué depredadores debe evitar. Procura escribir en inglés.

____

____

____

____

____

____

DÍA 4

Lee el pasaje. A continuación, responde las preguntas.

Community Helpers

A community is a group of people who live in the same area or have the same interests. Communities need helpers to make everything function well. Some important community helpers are police officers and firefighters. Police officers make sure that everyone is following the laws of the community to keep people safe. Firefighters put out fires and educate people about fire safety. Other community helpers are people who work for the city, such as trash collectors and park rangers. Trash collectors drive down streets to collect everybody's trash. Park rangers make sure that city parks are clean and safe so that people can play or have picnics in them. Librarians are also important helpers in the community. Librarians make sure that a lot of good books are available in the library for everyone in the community to read. The next time you see a community helper, say, "Thank you!"

5. What is the main idea of this passage?

    a. A community needs a lot of people to make it function well.

    b. Police officers and firefighters are community helpers.

    c. People like to have picnics in city parks.

6. What is the role of police officers in a community?_______________________

____

7. What is the role of firefighters in a community? _______________________

____

8. How does the author support the idea that communities need helpers to make everything function well?

____

* Ve la página ii.

COLOCA UNA
ESTRELLA
AQUÍ

Multiplica para encontrar cada producto.

1. 4 × 10 = _________
2. 600 × 6 = _________
3. 7 × 800 = _________

4. 30 × 8 = _________
5. 5 × 20 = _________
6. 800 × 5 = _________

7. 8 × 90 = _________
8. 50 × 6 = _________
9. 600 × 5 = _________

10. 4 × 100 = _________
11. 7 × 80 = _________
12. 7 × 500 = _________

13. 900 × 7 = _________
14. 600 × 4 = _________
15. 900 × 4 = _________

16. 8 × 900 = _________
17. 800 × 2 = _________
18. 7 × 900 = _________

19. 3 × 10 = _________
20. 700 × 6 = _________
21. 3 × 800 = _________

22. 7 × 40 = _________
23. 9 × 10 = _________
24. 10 × 100 = _________

Utiliza algunas palabras del banco de palabras para completar los _proverbios_ (proverbs).

| bird | grow | crying | saved | right | eggs | boils | well |

25. Two wrongs don't make a_________________________________.

26. It is no use _________________________________over spilled milk.

27. A watched kettle never _________________________________.

28. A penny _________________________________ is a penny earned.

29. The early _________________________________ catches the worm.

30. Absence makes the heart _________________________________ fonder.

31. Don't put all your _________________________________in one basket.

32. If a thing is worth doing, it is worth doing _________________________________.

DÍA 5

Mira la tabla sobre los árboles. A continuación, responde las preguntas.

Árbol	Corteza	Madera	Hojas
Olmo (Elm)	Café y áspera.	Fuerte.	Ovaladas, bordes dentados, puntiagudas.
Abedul (Birch)	Blanco cremoso, se desprende en capas.	Elástica, no se rompe con facilidad.	En forma de corazón o de triángulo, con bordes puntiagudos.
Roble (Oak)	Gris oscuro, gruesa, áspera y con muchos surcos.	Dura, de grano fino.	Redondeadas, con lóbulos en forma de dedos.
Sauce (Willow)	Áspera y quebrada.	Café, suave, ligera.	Largas, estrechas, curvadas en las puntas.
Arce (Maple)	Áspera y gris.	Fuerte.	En pares, con forma de mano abierta.
Nogal (Hickory)	Suelta, se desprende.	Blanca, dura.	En forma de punta de lanza.
Acebo (Holly)	Color cenizo.	Brillantes, puntiagudas.	Dura, de grano fino.

33. ¿Qué árbol tiene hojas en forma de corazón? _______________________

34. ¿Cuántos árboles tienen madera dura? _______________________

35. ¿Qué árbol tiene hojas con puntas afiladas? _______________________

36. ¿Qué árbol tiene la madera como una goma elástica? _______________________

37. ¿Cuáles son los diferentes colores de la corteza? _______________________

38. ¿De qué árbol crees que se obtiene el sirope o jarabe? _______________________

39. ¿Puedes identificar algunos de los árboles de la tabla en tu jardín o en tu barrio? ¿Cuáles? _______________________

PRUEBA DE CARÁCTER: ¿Por qué crees que es importante ser siempre honesto?

Completa la tabla de multiplicación.

✖	1	10	100	1,000
1	1	10		
2				
3		30		
4				4,000
5				
6				
7			700	
8				
9				9,000

¿En qué se diferencia la multiplicación por centenas de la multiplicación por decenas?

____

Escribe _it's, its, your_ o _you're_ para completar cada oración.

1. I hope that _________________________________coming to my barn dance.

2. The dance will be for _________________________________friends also.

3. Do you think _________________________________too cold for a barn dance?

4. _________________________________ starting time is 8 o'clock.

5. Will_________________________________family come to the dance with you?

6. _________________________________ floor is long and wide.

> **DATO:** Aunque el oso polar parece blanco, su piel es negra, y su pelaje está formado por tubos transparentes y huecos.

DÍA 6

Lee el pasaje. A continuación, responde las preguntas.

World Holidays

The United States celebrates several special holidays every year. People in different countries, however, recognize different holidays. Many people in China celebrate a Lantern Festival to welcome the new year. Special lanterns are lit, and colorful parades march through the streets. In Scotland, some people celebrate Burns Night, which is a holiday in honor of the Scottish poet Robert Burns. Families or club members gather together for a special meal and a reading of Burns's poetry. Whereas the United States celebrates its independence on Independence Day (July 4), Canada celebrates Canada Day on July 1, the date that the government of Canada was created. On both Canada Day and Independence Day, people have community parades, picnics, and fireworks. People in some parts of Germany celebrate Oktoberfest to mark the harvest. They eat traditional German foods like sausages and potato salad. Immigrants brought their native foods and traditions when they left their homelands, so now many celebrate their old holidays in their new countries.

7. What is the main idea of this passage?

    a. Burns Night is a special holiday in Scotland.

    b. People around the world celebrate different holidays.

    c. Oktoberfest takes place in many cities.

8. How do people in Scotland honor Robert Burns?_______________________

    ____

    ____

9. Research a holiday from a different country that is not mentioned in the passage. Tell what traditions are associated with that holiday.

    ____

    ____

DATO: Las almendras son de la misma familia que los duraznos y las rosas.

Para encontrar el producto de *múltiplos* (multiples) de 10 o 100, encuentra el producto del *factor básico* (basic fact) y luego cuenta los ceros de los factores. Resuelve cada problema y escribe cuántos ceros hay en la respuesta.

$10 \times 8 = 80$ (1 cero) $10 \times 80 = 800$ (2 ceros) $10 \times 800 = 8{,}000$ (3 ceros)

1. $7 \times 100 =$ _________

2. $39 \times 10 =$ _________

3. $30 \times 300 =$ _________

4.
$$\begin{array}{r} 900 \\ \times\ 40 \\ \hline \end{array}$$

5.
$$\begin{array}{r} 600 \\ \times\ 10 \\ \hline \end{array}$$

6.
$$\begin{array}{r} 230 \\ \times\ 20 \\ \hline \end{array}$$

7.
$$\begin{array}{r} 700 \\ \times\ 80 \\ \hline \end{array}$$

8.
$$\begin{array}{r} 5{,}000 \\ \times\ 50 \\ \hline \end{array}$$

9.
$$\begin{array}{r} 600 \\ \times\ 90 \\ \hline \end{array}$$

10.
$$\begin{array}{r} 4{,}400 \\ \times\ 30 \\ \hline \end{array}$$

11.
$$\begin{array}{r} 7{,}000 \\ \times\ 60 \\ \hline \end{array}$$

Usa la tabla para responder las preguntas.

12. On what page would you find fast-food restaurants? ________________

13. On what page could you find out what the weather is like? ____________

14. On what page would you look for movie listings? ________________

15. On what page would you look for job openings? ________________________

16. On what page would you find bus schedules? ____________________________

Coraville Happenings Guide

Local Information, Table of Contents

Entertainment 1
Weather Conditions...........................2
Transportation 3
Careers and Employment................4
Dining Out 5

DÍA 7

Una *frase idiomática* (idiom) es una expresión que significa algo distinto de lo que dicen literalmente sus palabras individuales. Subraya la frase idiomática en cada oración. A continuación, escribe su significado.

17. She was really pulling my leg.

   ____

18. Do you think we'll be in hot water?

   ____

19. Time flies when you are having fun.

   ____

20. You've hit the nail on the head, Shanice!

   ____

21. Ryan said that he will lend a hand tomorrow.

   ____

Multiplica para encontrar cada producto.

22.	23.	24.	25.	26.
39 × 69	72 × 18	85 × 36	23 × 87	46 × 77

27.	28.	29.	30.	31.
57 × 49	41 × 73	48 × 95	88 × 66	68 × 92

ACONDICIONAMIENTO FÍSICO:
Haz cinco flexiones.

* Ve la página ii.

COLOCA UNA
ESTRELLA
AQUÍ

Lee cada pista y escribe la palabra que completa el acertijo.

- Está compuesta de partículas minerales mezcladas con restos de animales y vegetales.

- Es una capa bien organizada y compleja de desechos que cubre la mayor parte de la superficie terrestre.

- Puede ser roja o negra, así como de muchos otros tonos y colores.

- Es uno de los recursos más importantes de cada país.

- Su formación requiere de mucho tiempo.

- Los geólogos dicen que es el material que cubre las rocas que se encuentran debajo de la superficie terrestre.

Respuesta: _______________________

Resuelve cada problema.

1. $\begin{aligned}5{,}162\\-2{,}168\end{aligned}$	2. $\begin{aligned}9{,}252\\-5{,}003\end{aligned}$	3. $\begin{aligned}7{,}825\\-3{,}148\end{aligned}$	4. $\begin{aligned}3{,}529\\+7{,}506\end{aligned}$
5. $\begin{aligned}8{,}929\\+4{,}050\end{aligned}$	6. $\begin{aligned}9{,}341\\-6{,}037\end{aligned}$	7. $\begin{aligned}2{,}629\\+7{,}536\end{aligned}$	8. $\begin{aligned}4{,}528\\+1{,}257\end{aligned}$
9. $\begin{aligned}7{,}932\\-5{,}847\end{aligned}$	10. $\begin{aligned}9{,}826\\+1{,}329\end{aligned}$	11. $\begin{aligned}4{,}723\\+5{,}297\end{aligned}$	12. $\begin{aligned}3{,}872\\-1{,}799\end{aligned}$

DÍA 8

Divide para encontrar cada *cociente* (quotient).

13. $9 \div 3 =$ _____ $90 \div 3 =$ _____ $900 \div 3 =$ _____

14. $8 \div 2 =$ _____ $80 \div 2 =$ _____ $800 \div 2 =$ _____

15. $12 \div 4 =$ _____ $120 \div 4 =$ _____ $1,200 \div 4 =$ _____

16. $6 \div 3 =$ _____ $60 \div 3 =$ _____ $600 \div 3 =$ _____

17. $30 \div 6 =$ _____ $300 \div 6 =$ _____ $3,000 \div 6 =$ _____

18. $72 \div 8 =$ _____ $720 \div 8 =$ _____ $7,200 \div 8 =$ _____

19. $32 \div 8 =$ _____ $320 \div 8 =$ _____ $3,200 \div 8 =$ _____

20. $49 \div 7 =$ _____ $490 \div 7 =$ _____ $4,900 \div 7 =$ _____

Escribe en la línea un *antónimo* (antonym) de cada palabra subrayada.

21. Does that fruit punch contain <u>artificial</u> coloring? _______________________

22. The puppy was a bit <u>meek</u> during her first week in a new home. _______________________

23. Turn the dial <u>counterclockwise</u> to wind the watch. _______________________

24. Grandma and Grandpa were impressed by what a <u>graceful</u> dancer Sonya is. _______________________

25. Is that a <u>rare</u> book? _______________________

26. Mom wants to <u>encourage</u> Jamilla's interest in art. _______________________

27. This a very <u>narrow</u> bridge! _______________________

Divide para encontrar cada *cociente* (quotient).

EJEMPLO:

$$12 \text{ R } 2$$
$$3\overline{)38}$$
$$\underline{-3}$$
$$8$$
$$\underline{-6}$$
$$2$$

1. $3\overline{)95}$

2. $4\overline{)47}$

3. $4\overline{)85}$

4. $5\overline{)58}$

5. $2\overline{)65}$

6. $9\overline{)100}$

7. $7\overline{)79}$

8. $5\overline{)57}$

Escribe cada palabra en la línea. Dibuja una línea entre cada sílaba de la palabra. Utiliza un diccionario para comprobar tu trabajo.

EJEMPLO: column ______ col/umn ______

9. harness ______

10. liveliness ______

11. inflate ______

12. cable ______

13. glorious ______

14. washing ______

15. pigeon ______

16. apple ______

17. jewelry ______

18. maple ______

19. bicycle ______

20. frozen ______

21. difficult ______

22. tennis ______

23. happy ______

DATO: Millones de árboles son sembrados accidentalmente por ardillas ¡porque olvidan dónde escondieron las nueces!

DÍA 9

Busca la palabra *poder* (power) en un diccionario. Ahora, escribe un párrafo sobre alguien o algo que tenga poder. Explica por qué crees que esa persona o cosa tiene poder y cómo crees que ha llegado a tenerlo. Puedes escribir en inglés o en español.

ACONDICIONAMIENTO FÍSICO:
Haz 10 sentadillas.

* Ve la página ii.

Resta para encontrar cada diferencia. Escribe las respuestas de la forma más simple.

EJEMPLO:

$\dfrac{4}{5} - \dfrac{1}{5} = \dfrac{3}{5}$ ← Resta los numeradores.

← Mantén el mismo denominador.

1. $\dfrac{7}{8} - \dfrac{2}{8} =$

2. $\dfrac{11}{12} - \dfrac{7}{12} =$

3. $\dfrac{3}{4} - \dfrac{1}{4} =$

4. $8\dfrac{6}{10}$
   $-\ 3\dfrac{5}{10}$

5. $10\dfrac{5}{6}$
   $-\ 4\dfrac{1}{6}$

6. $6\dfrac{3}{18}$
   $-\ 2\dfrac{1}{18}$

Escribe tres maneras de conservar cada recurso.

7. Agua: _______________________________

____

8. Árboles: _______________________________

____

9. Petróleo: _______________________________

____

10. Hábitats de fauna y flora silvestre: _______________________________

____

PRUEBA DE CARÁCTER: ¿Por qué es importante ser alguien en quien la gente pueda confiar? ¿Cómo puedes conseguir y mantener una reputación positiva? Escribe tus respuestas en una hoja aparte.

DÍA 10

Lee el poema. A continuación, responde las preguntas.

From "Rain in Summer"
by Henry W. Longfellow

How beautiful is the rain!
After the dust and heat,
In the broad and fiery street,
In the narrow lane,
How beautiful is the rain!

How it clatters along the roofs,
Like the tramp of hoofs
How it gushes and struggles out
From the throat of the overflowing spout!

Across the window pane
It pours and pours;

And swift and wide,
With a muddy tide,
Like a river down the gutter roars
The rain, the welcome rain!

In the country, on every side,
Where far and wide,
Like a leopard's tawny and spotted hide,
Stretches the plain,
To the dry grass and the drier grain
How welcome is the rain!

11. Longfellow uses several similes in the poem. Choose one simile and write it on the line. Tell what two things are being compared.

   ____

   ____

12. Why is the author so joyful to have it rain?

   ____

   ____

13. How does the author's outlook affect the tone of the poem? Rewrite a line from the poem using a different tone.

   ____

   ____

Cuenta el número de ceros al multiplicar por *potencias de diez* (powers of ten). Luego, mueve el punto decimal el mismo número de lugares a la derecha. Resuelve cada problema moviendo el punto decimal.

EJEMPLO: 2.543 × **100**   (Piensa: Hay 2 ceros. Mueve el punto decimal dos lugares a la derecha).

2.543 × **100** = **254.3**

1. 3.45 × **10** = _______________

2. 27.32 × **100** = _______________

3. 0.625 × **1000** = _______________

4. 254.35 × **100** = _______________

5. 0.017 × **10** = _______________

6. 0.98 × **1000** = _______________

7. 45.976 × **10000** = _______________

8. 18.526 × **100** = _______________

9. 100.53 × **10** = _______________

10. 78.287 × **1000** = _______________

La próxima vez que veas televisión o leas una revista, presta atención a los comerciales o anuncios. En cada recuadro, escribe lo que crees que sea verdadero y lo que crees que sea falso sobre cada anuncio que hayas visto.

What is the commercial or advertisement about?	True	False
11.		
12.		
13.		

DÍA 11

Etiqueta cada ángulo.

Ángulo recto (Right Angle): Ángulo que mide 90 grados. (El ángulo forma una esquina cuadrada). 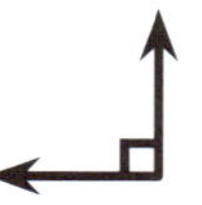

Ángulo agudo (Acute Angle): Ángulo que mide menos que un ángulo recto, o menos de 90 grados. 

Ángulo obtuso (Obtuse Angle): Ángulo que mide más de 90 grados, pero menos de 180 grados, o es mayor que un ángulo recto. 

14. 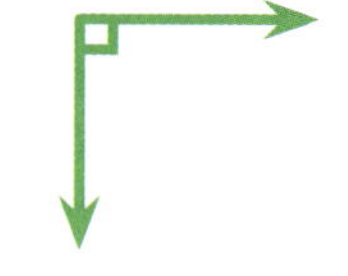

____

15. 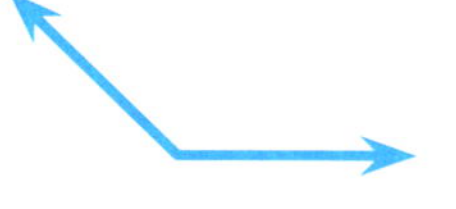

____

16. 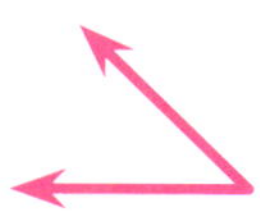

____

17. 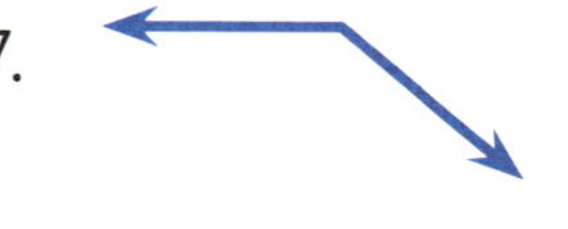

____

18. 

____

19. 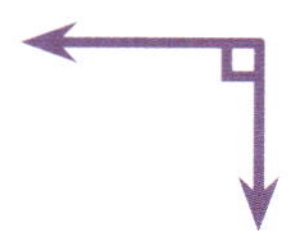

____

El aire contiene agua. Ensaya este experimento para descubrir de qué manera entra el agua en el aire.

- Consigue tres o más vasos del mismo tamaño.

- Llena los vasos de agua casi hasta el tope.

- Colócalos en diferentes lugares, como lugares cálidos, frescos, oscuros o con viento, y otros sitios de tu elección.

- Obsérvalos durante cuatro o cinco días. Comprueba los niveles de agua.

¿Qué pasó con el agua de los vasos? Explica con tus propias palabras en una hoja aparte de dónde crees que viene el vapor de agua de la atmósfera y a dónde va.

DATO: Un adulto parpadea unas 10 veces por minuto, pero los bebés solo parpadean una o dos veces por minuto.

COLOCA UNA ESTRELLA AQUÍ

DÍA 12

Multiplica para encontrar cada producto.

1. 254×12

2. 78×14

3. 288×22

4. 354×15

5. 192×34

6. 500×14

7. 85×74

8. 415×31

9. 609×24

Las palabras en una serie están separadas por *comas* (commas). Escribe las comas en cada oración.

10. Lin Paco Julie and Keesha are going to a movie.

11. Anna took her spelling reading and math books to school.

12. The snack bar is only open Monday Tuesday Friday and Saturday.

13. Our new school flag is blue green yellow black and orange.

14. Many women men children and pets enjoy sledding.

15. Have you seen the kittens chicks or goslings?

DÍA 12

Lee el pasaje. A continuación, responde las preguntas.

Bird Watching

Many people enjoy the hobby of bird watching. It is a pastime you can do in your own yard. If you put seeds in a bird feeder or hang a birdhouse, you are more likely to attract birds. You may notice that birds visit the feeder at certain times of day or that different birds prefer different types of foods. You may see baby birds trying their wings as they leave the nest for the first time. Some people travel to other parts of the world to see birds that they cannot see at home. They may use binoculars to get a better look at birds perching in trees or flying overhead. Some people keep lists of the species of birds they have seen. There are even contests to see who can spot the greatest variety of birds over a period of time!

16. What is the main idea of this passage?

    a. Bird watching is a popular hobby that many people enjoy.

    b. Some birds like to eat seeds, while others like fruit.

    c. There are many different species of birds.

17. How can you attract more birds to your yard? ______________________

    ____

18. What are some things you might notice about birds in your yard?

    ____

    ____

19. What do people use to help them see birds from a distance? ___________

* Ve la página ii.

El *tiempo perfecto* (perfect tense) se utiliza para describir acciones que se han completado. Subraya el verbo completo en tiempo perfecto en cada oración.

1. Uncle Rico has taken Gabby to school each day this week.

2. The coach had noticed that the team was tired at practice.

3. Audrey has been anxious to show you her new dance routine.

4. Brandon had read all the books in that series already.

5. By January, Moki will have earned enough money for a new bike.

6. The mail carrier had delivered the package at noon.

7. I will have thanked everyone who came to my party by the end of the week.

8. I have been calling the Carsons all day.

Encuentra cada *cociente* (quotient). Muestra tu trabajo.

9. $12\overline{)2{,}578}$

10. $32\overline{)6{,}457}$

11. $15\overline{)4{,}159}$

12. $22\overline{)1{,}548}$

13. $50\overline{)6{,}550}$

14. $14\overline{)1{,}848}$

15. $42\overline{)8{,}532}$

16. $35\overline{)4{,}565}$

17. $27\overline{)6{,}839}$

DÍA 13

Subraya la *frase preposicional* (prepositional phrase) de cada oración. En la línea, escribe a cuál pregunta responde la frase preposicional.

EJEMPLO: Ethan put his helmet <u>on the picnic table</u>. _____where_____

18. Jacob poured the lemon juice into the pitcher and stirred it. _____________

19. The speckled tree frog hid beneath the glossy green leaf. _____________

20. Nazim ran across the street to find the baseball. _____________

21. Mr. Huang tried not to cough during the performance. _____________

22. After the game, we're going straight home. _____________

23. The yellow leaf landed in the stream. _____________

24. Nora worked carefully and tried not to color outside the lines. _____________

25. "I'd like to keep this information between you and me," confided Maddy. _____________

Hecho o ficción

La honestidad significa decir la verdad. Imagina que tú y un amigo están en el cine. Cada uno pide una bolsa de palomitas y la cajera les devuelve más dinero por error. ¿Qué harían ustedes?

En otra hoja de papel, dibuja dos tiras cómicas que empiecen igual, pero tengan un final diferente. La primera historieta debe mostrar el resultado de no ser honesto, y la segunda debe mostrar el resultado de ser honesto. Incluye al menos cuatro escenas en cada tira cómica para plasmar tus pensamientos.

DATO: El desierto más grande del mundo es el Sahara. Cubre 3.5 millones de millas cuadradas (9 millones de km^2) o aproximadamente un tercio de África.

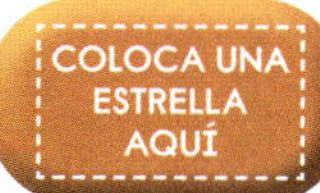

Utiliza un cronómetro o un reloj con segundero para cronometrarte mientras realizas las siguientes actividades. Utiliza esa información para calcular cuántas veces podrías hacerlas en 5 minutos, 8 minutos, 10 minutos y 15 minutos. Rellena la tabla.

1. ¿Cuántas veces puedes saltar en un minuto? _______________________________

2. ¿Cuántos pasos puedes dar en un minuto? _______________________________

3. ¿Cuántos saltos de tijera puedes dar en un minuto? _____________________

4. ¿Cuántas veces puedes lanzar una pelota y atraparla en un minuto? __________

5. ¿Cuántas veces puedes rebotar una pelota en un minuto? __________________

Actividad	Minutos				
	1	5	8	10	15
saltar					
dar pasos (caminar)					
saltos de tijera					
lanzar y atrapar pelotas					
rebotar una pelota					

En inglés, la *coma* (comma) debe colocarse después de las palabras *yes* y *no* cuando comienzan una oración. La coma también va antes o después del nombre de una persona a la que alguien se dirige. Escribe las comas donde corresponda en cada oración.

6. Yes I will go with you Tristan.

7. Wynona I am glad Zoe will come.

8. Aaron do you play tennis?

9. Yes I went to the doctor's office.

10. Raul do you want to go?

11. Neyla what happened?

12. No I never learned how to fish.

13. Mom thanks for the help.

14. No I need to finish this.

15. Hugo I found a penny.

16. Come on T.J. let's go to the game.

17. Tell me Crystal did you do this?

DÍA 14

Escribe una historia sobre tu familia. Di quienes son los miembros de tu familia y cuál es su aspecto. Procura escribir en inglés.

____

____

____

____

____

____

____

____

____

____

El «peso» vale la pena

Intenta añadir un componente de fuerza a cualquier actividad física. La próxima vez que te dispongas a jugar o a hacer ejercicio, carga una mochila llena de objetos blandos y con poco peso, como pequeñas bolsas de arena. Notarás una pequeña diferencia mientras juegas o haces ejercicio. Pero, al final del verano, notarás una gran diferencia en tu fuerza, especialmente si añades gradualmente más peso cada vez que te esfuerces.

* Ve la página ii.

COLOCA UNA ESTRELLA AQUÍ

Encuentra el valor de cada expresión. Haz primero las operaciones dentro de los *paréntesis* (parentheses): ( ). Luego, haz las operaciones dentro de los *corchetes* (brackets): [ ]. Por último, realiza las operaciones dentro de las *llaves* (braces): { }.

1. $(5 + 7) \times 3 =$ _____________________

2. $25 \div (8 - 3) =$ _____________________

3. $43 - [(18 \div 3) + 13] =$ _____________

4. $(15 \times 2) \div (2 \times 3) =$ _____________

5. $(72 \div 8) + 12 =$ _____________________

6. $[(3 + 9) \times 4] \div 6 =$ _____________

7. $18 - (2 \times 7) =$ _____________________

8. $(25 \times 4) \times (4 + 3) =$ _____________

9. $19 \times [3 + (12 \div 2)] =$ _____________

10. $7 + (14 \div 2) - (56 \div 8) =$ ___________

11. $[3 \times (18 + 6)] \div 2 =$ _____________

12. $\{[3 + (8 - 2)] \times 5\} - 5 =$ ___________

Escribe los *puntos* (periods), *signos de interrogación* (question marks), *signos de exclamación* (exclamation marks), *comas* (commas), *comillas* (quotation marks) o *mayúsculas* (capitalization) que falten en cada oración.

13. Nate, do you have the map of our town asked Kit

14. What an exciting day I had cried Janelle

15. I said the puppy chewed up my sneaker

16. Did you know that birds' bones are hollow asked Mrs. Tyler

17. She answered no I did not know that

18. Wayne exclaimed I won first prize in the pie-baking contest

19. I'm tired after raking the yard said Sadie

20. I am too replied Sarah

* Ve la página ii.

DÍA 15

Lee el pasaje. A continuación, responde las preguntas.

Science Experiments

Scientists learn about the world by conducting experiments. They take careful notes about the instruments they use and the results they find. They share their discoveries with others so that everyone learns more about their subjects. You can do experiments, too! The library has many books with safe experiments that use balloons, water, or baking soda. You can learn how light travels or why marbles roll down a ramp. Ask an adult to help you choose and set up an experiment and to watch to make sure you are being safe. Be sure to clean up the area and wash your hands afterward. Take good notes about your work. By changing only one thing, the next time you do the experiment, you may get a completely different result. The important thing is not to worry if your results are not what you expected. Some of the greatest scientific discoveries in the world were made by accident!

21. What is the main idea of this passage?

    a. Children can do experiments as long as they are safe.

    b. Scientists often make mistakes that lead to great discoveries.

    c. You should always take good notes when conducting an experiment.

22. What kinds of information do scientists write in their notes? ____________________

    ____

23. What happens when scientists share their findings with others? ________________

    ____

24. Why should you ask an adult to help? ____

    ____

PRUEBA DE CARÁCTER: A primeras horas de alguna mañana, dile a un miembro de tu familia tres cosas buenas que te van a pasar ese día.

Escribe el mes o el nombre de cada fiesta o día especial de Estados Unidos. Utiliza un calendario si necesitas ayuda.

1. Asegúrate de vestirte de verde el 17 de marzo. Es el __________________.

2. Envía una tarjeta a tu novio o novia el 14 de febrero. Es el __________________.

3. El 4 de julio, Estados Unidos celebra el __________________.

4. El 31 de octubre puede darte mierdo. Es __________________.

5. ¿Trabajas el __________________ en septiembre?

6. El cumpleaños de Martin Luther King, Jr. es en __________________.

7. Los estadounidenses celebran este día de los padres en junio.: __________________.

Encierra en un círculo la palabra que aparezca en la página del diccionario con cada par de *palabras guía* (guide words).

8. bowling • brain

   bread   braid   brave

9. liquid • litter

   list   live   lion

10. monster • more

    money   monsoon   moon

11. work • worst

    word   world   worth

12. gold • gossamer

    gondola   goal   gourd

13. spoon • spread

    spoil   spring   spray

14. flank • flaw

    flash   flame   flight

15. central • chafe

    cell   chalet   certain

DÍA 16

Encierra en un círculo las dos palabras de cada grupo que estén escritas correctamente.

Subraya la *conjunción* (conjunction) o el *par de conjunciones* (conjunction pair) en cada una de las frases siguientes.

26. I thought the story was short but exciting.

27. Both Logan and Antoine are taking rock climbing lessons.

28. After you take a bath, brush your teeth.

29. Neither the library nor the bookstore is open on Sunday.

30. Isla baked muffins on Saturday morning and made crepes on Sunday morning.

31. Since Kazuo's birthday is on Monday, we're celebrating this weekend.

DATO: Los colibríes son los únicos pájaros que pueden planear y volar boca abajo.

COLOCA UNA ESTRELLA AQUÍ

Escribe cada *numerador* (numerator) que falte.

1. $\dfrac{1}{3} = \dfrac{}{6}$
2. $\dfrac{4}{5} = \dfrac{}{10}$
3. $\dfrac{10}{10} = \dfrac{}{6}$
4. $\dfrac{}{5} = \dfrac{4}{10}$

5. $\dfrac{4}{16} = \dfrac{}{8}$
6. $\dfrac{12}{12} = \dfrac{}{10}$
7. $\dfrac{3}{6} = \dfrac{}{12}$
8. $\dfrac{9}{12} = \dfrac{}{4}$

9. $\dfrac{}{12} = \dfrac{4}{6}$
10. $\dfrac{0}{4} = \dfrac{}{2}$
11. $\dfrac{6}{8} = \dfrac{}{4}$
12. $\dfrac{1}{2} = \dfrac{}{10}$

13. $\dfrac{}{4} = \dfrac{4}{8}$
14. $\dfrac{3}{9} = \dfrac{}{3}$
15. $\dfrac{}{15} = \dfrac{2}{3}$
16. $\dfrac{2}{3} = \dfrac{}{12}$

Escribe la palabra correcta para cada definición.

schedule	campaign	artificial	reputation
assistant	exchange	publicize	genuine

17. not natural, not real ______________________________

18. a timed plan for a project ______________________________

19. a giving or taking of one thing for another ______________________________

20. an opinion in which a person is commonly held______________________________

21. a person who serves or helps ______________________________

22. being what it is said to be; true or real ______________________________

23. a series of planned actions, often to get someone elected______________________________

24. to make information known ______________________________

DÍA 17

Lee la carta. A continuación, responde las preguntas.

September 24, 1849

Dear Thomas,

I'm finally settled in and have a chance to write. The trip west was rough and not quite something you can prepare for. You wouldn't believe the sickness I saw, even in strong, healthy folks. Water was scarce, but I was real careful about my supply. Picturing piles of gold in California kept me moving.

I think you know why I'm writing, Thomas. I want you to pack up and join me here in California. You'll make more money than you ever thought possible. Then you can go home, pay off the mortgage on the farm, and marry Elizabeth.

The riverbeds are filled with gold, Thomas––just waiting for you to come and pan it. You don't want to miss this opportunity for I know you'd regret it. You write back and let me know what you decide. Give my love to the family. And tell all of them not to worry about me. I'll strike it rich and come home and take care of everybody in style.

Your devoted brother,
Albert

25. Write a short summary of the letter.

____

____

26. How would this text be different if it were not told from a first-person point of view?

view? ______________________________________

____

27. What can you infer about how the narrator feels about his decision to go west?

____

* Ve la página ii.

Lee cada oración. Añade *comillas* (quotation marks) alrededor de los títulos cuando sea necesario. Subraya los títulos que irían en *cursiva* (italics) en un texto impreso.

1. I read Charlie and the Chocolate Factory during summer vacation.

2. Jorge and Will are planning to rent The Lego Movie.

3. Samantha memorized three poems from the book Where the Sidewalk Ends.

4. On the last day of camp, we sang the Woody Guthrie song This Land Is Your Land for all the parents.

5. The high school drama club is doing a production of the play Romeo and Juliet.

6. Aunt Anya's favorite poem is Afternoon on a Hill by Edna St. Vincent Millay.

7. Danita knows all the words to the song Let It Go from the movie Frozen.

8. Every December, my family watches the movie Miracle on 34th Street.

Escribe el *dígito* (digit) para cada número en el lugar asignado.

miles	centenas	decenas	unidades	décimas	centésimas	milésimas
1	3	2	4 .	9	7	3

9. 46,251.25

   miles ________

10. 524.326

    centésimas ________

11. 255,024.01

    decenas ________

12. 25.314

    décimas ________

13. 254,326,845

    unidades ________

14. 245,326.487

    milésimas ________

DÍA 18

Un *símil* (simile) es una *figura literaria* (figure of speech) que compara dos cosas utilizando palabras como *as* o *like*. Completa cada símil.

EJEMPLO: The bedsheets were as **white as a snowy owl.**

15. Her eyes were like____

16. The night was as dark as____

17. His legs were as ____

Es una buena idea tener un botiquín de primeros auxilios en casa. Un botiquín de primeros auxilios contiene suministros, como vendas y ungüentos, que te ayudarían en caso de emergencia. Haz una lista de las cosas que llevarías en tu botiquín y explica por qué.

____

____

____

____

____

____

____

____

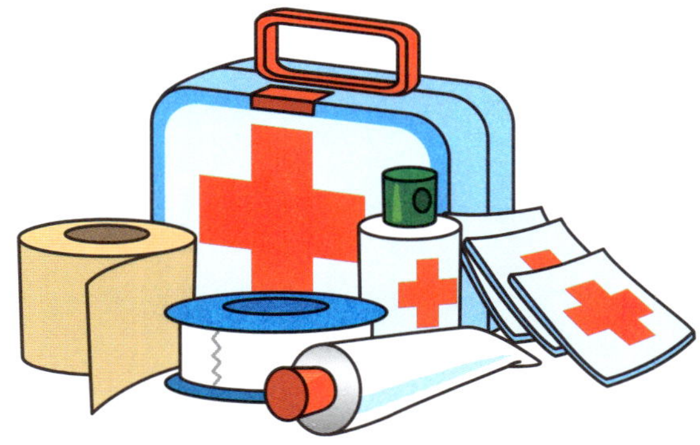

DATO: Al menos 26 rocas han caído de Marte a la Tierra.

Escribe una oración para cada *interjección* (interjection) del banco de palabras. Recuerda que las interjecciones suelen ir seguidas de un signo de exclamación.

EJEMPLO: Aw! I'm so sorry you'll have to miss the party!

| oops | wow | hurray | goodness | ouch | hey |

1. ____

2. ____

3. ____

4. ____

5. ____

6. ____

Vuelve a escribir cada decimal en forma de número en la línea. Luego, ordena los decimales del menor al mayor valor.

7. uno y treinta y seis centésimas __________________________

8. cuatro y veintitrés milésimas __________________________

9. cinco décimas __________________________

10. cuarenta y siete centésimas __________________________

11. ochocientas treinta y tres milésimas __________________________

12. doce centésimas __________________________

______ ______ ______ ______ ______ ______

DÍA 19

Una *encuesta* (survey) es una serie de preguntas sobre un producto o un tema. Hazle una encuesta a tus vecinos, amigos o familiares sobre cuántas mascotas tienen y de qué tipo. Piensa en las preguntas que puedes hacer. Utiliza el siguiente espacio para tomar notas. Luego, registra los resultados en un informe, un gráfico, una tabla o una imagen.

____

____

____

____

____

____

Multiplica. Escribe las respuestas de la forma más simple.

13. $\dfrac{1}{2} \times \dfrac{3}{4} =$ _________

14. $5 \times \dfrac{2}{5} =$ _________

15. $\dfrac{3}{7} \times \dfrac{5}{8} =$ _________

16. $3 \times \dfrac{11}{12} =$ _________

17. $\dfrac{4}{9} \times \dfrac{1}{2} =$ _________

18. $\dfrac{12}{15} \times \dfrac{3}{5} =$ _________

19. $\dfrac{2}{3} \times \dfrac{5}{6} =$ _________

20. $\dfrac{1}{4} \times 9 =$ _________

21. $\dfrac{4}{7} \times \dfrac{2}{7} =$ _________

22. $6 \times \dfrac{4}{5} =$ _________

23. $\dfrac{1}{2} \times \dfrac{2}{9} =$ _________

24. $\dfrac{7}{8} \times 8 =$ _________

ACONDICIONAMIENTO FÍSICO:
Haz 10 abdominales.

* Ve la página ii.

Hay un cambio incorrecto en el *tiempo verbal* (verb tense) en cada oración. Tacha el verbo incorrecto y escribe en la línea el verbo con el tiempo correcto.

1. The actor glanced down at the script and then recites his lines.

   ____

2. My family goes to the same restaurant each year for Dad's birthday and we loved it.

   ____

3. Tomorrow, Ms. Handel will go to the art museum, and she met her sister for lunch.

   ____

4. Sophia gathered some kindling, and Myles will cry the dishes.

   ____

5. Next year, Manuel will be in the Sparkling Starfish swim class, and Lea is in the Blazing Barnacles class.

   ____

6. Teresa's house has a large oak tree in the front yard, and it was across the street from the school.

   ____

Resuelve cada problema. Escribe las respuestas de la forma más simple.

7. Una granjera dividió su campo de cultivo en cuatro secciones y sembró un tipo de cultivo diferente en cada una. ¿Qué fracción del campo de cultivo está sembrada de trigo?

   ___________ del campo.

8. Cada piso de un aparcamiento puede contener hasta 90 autos. Cuando todos los pisos del aparcamiento están llenos hay 450 autos en él. ¿Qué fracción de los autos está aparcada en la planta baja?

   ___________ de los autos.

9. Una pizza es cortada en 12 rebanadas. Si 3 amigos comparten la pizza de manera equitativa, ¿qué fracción de la pizza se come cada amigo?

   ___________ de la pizza.

10. Luis compró una caja con 85 canicas. Le dio 17 canicas a cada uno de sus 5 amigos. ¿Qué fracción de las canicas le dio a cada uno de sus amigos?

    ___________ de las canicas.

DÍA 20

Completa cada oración encerrando en un círculo la palabra que esté escrita correctamente.

11. The big cat couldn't _________________ the tree.

    a. climb   b. climbe   c. climmb   d. clibm

12. We paid $100 for _________________ .

    a. groseries   b. groceeries   c. groceries   d. grosserys

13. Chad is a very _________________ person.

    a. kreative   b. creative   c. createive   d. crative

14. We love to _________________ ride in the winter.

    a. sleigh   b. sleia   c. cleigh   d. slagh

15. I found the perfect _________________ for my science project.

    a. matterial   b. maririal   c. metariel   d. material

Haz una lista de cosas que funcionen con electricidad. A continuación, escribe sobre cómo crees que sería la vida sin electricidad. Procura escribir en inglés.

____

____

____

____

____

PRUEBA DE CARÁCTER: ¿Qué significa ser un buen amigo? En una hoja aparte, haz una lista de 10 rasgos que debe tener un buen amigo. ¿Por qué son importantes estos rasgos para una amistad sólida?

Confiar en que el metal se oxide

¿Los clavos de hierro colocados en agua se oxidan más rápido y pierden más masa que los clavos de hierro colocados en la arena?

Materiales:

- 2 froscos de cristal idénticos
- 10 clavos de hierro
- 200 mL (6.75 onzas) de agua destilada
- balanza
- toallas de papel
- 200 mL (6.75 onzas) de arena muy seca

Procedimiento:

1. Echa 200 mL de arena en un frasco y 200 mL de agua en el otro frasco.

2. Utiliza la balanza para encontrar la masa de cinco clavos. Anota la masa en la tabla. Coloca los clavos en la arena del primer frasco.

3. Utiliza la balanza para hallar la masa de los cinco clavos restantes. Anota la masa en la tabla. Coloca el segundo grupo de clavos en el agua del segundo frasco. Deja ambos frascos en un lugar seguro durante la noche.

4. Al día siguiente, saca los clavos del frasco de arena. Colócalos en una toalla de papel limpia y seca. Elimina el exceso de arena sin frotarla contra tus uñas.

5. Coloca los clavos en la balanza. Anota su masa en la tabla de datos. A continuación, vuelve a colocar los clavos en el frasco de arena. Repite la operación con los clavos en el frasco de agua.

6. Continúa recopilando datos durante tres días más. Registra los resultados en la tabla.

Día	Clavos en la arena		Clavos en el agua	
	Masa	Observaciones	Masa	Observaciones
1				
2				
3				
4				
5				

EXTRA

Protégete del sol

Hay muchas marcas diferentes de protectores solares con distintos índices de FPS (SPF).
El FPS, o factor de protección solar, indica el tiempo que el protector solar protegerá tu
piel. Para saber si los protectores solares con un FPS más alto realmente proporcionan
una mejor protección, ensaya el siguiente experimento.

Materiales:

* 4 cápsulas de detección de rayos ultravioleta (UV) (disponibles en empresas de
  suministros científicos)
* 3 frascos de crema solar (de la misma marca, pero con diferentes FPS)
* bandeja (forrada con papel)
* cronómetro

Procedimiento:

1. Consigue cuatro cápsulas UV del mismo color. Estas cápsulas están recubiertas
   de una sustancia química especial que hace que cambien de color cuando se
   exponen a la luz UV. Mientras más oscuro sea el color, más fuerte será la luz UV.

2. Frota una pequeña cantidad de un protector solar sobre una perla y colócala
   en la bandeja forrada. Etiqueta la perla con el FPS del protector solar. Repite la
   operación con dos cápsulas más y los otros protectores solares. Asegúrate de
   utilizar la misma cantidad de protector solar en cada cápsula.

3. Coloca la cuarta cápsula en la bandeja sin protector solar como cápsula de
   control, o de comparación. Etiqueta esta cápsula como de *control*.

4. Coloca la bandeja al sol. Califica las cápsulas según su color después de un
   minuto. Una calificación de uno significa que la cápsula quedó completamente
   blanca, mientras que una calificación de cinco es el color más oscuro posible (la
   cápsula de control).

5. Deja las cápsulas al sol durante una hora y califícalas de nuevo. Registra los datos
   en una tabla.

Escribe una carta o un correo electrónico a un amigo o familiar. Cuéntale acerca del
experimento que hiciste. Explica cómo funciona y cuáles fueron tus resultados.

* Ve la página ii.

Nueva Zelanda

Usa el mapa de Nueva Zelanda para responder las preguntas.

1. ¿En qué isla está la ciudad de Christchurch?

    a. Isla Sur

    b. Isla Norte

    c. Isla Stewart

2. Gisborne está al__________ de Dunedin.

    a. noreste

    b. noroeste

    c. sureste

3. La capital de Nueva Zelanda es __________.

    a. Auckland

    b. Wellington

    c. Nueva Plymouth

4. La distancia entre Greymouth y Christchurch es de aproximadamente __________.

    a. 150 kilómetros

    b. 75 kilómetros

    c. 300 kilómetros

EXTRA

Australia

Usa el mapa de Australia para responder las preguntas.

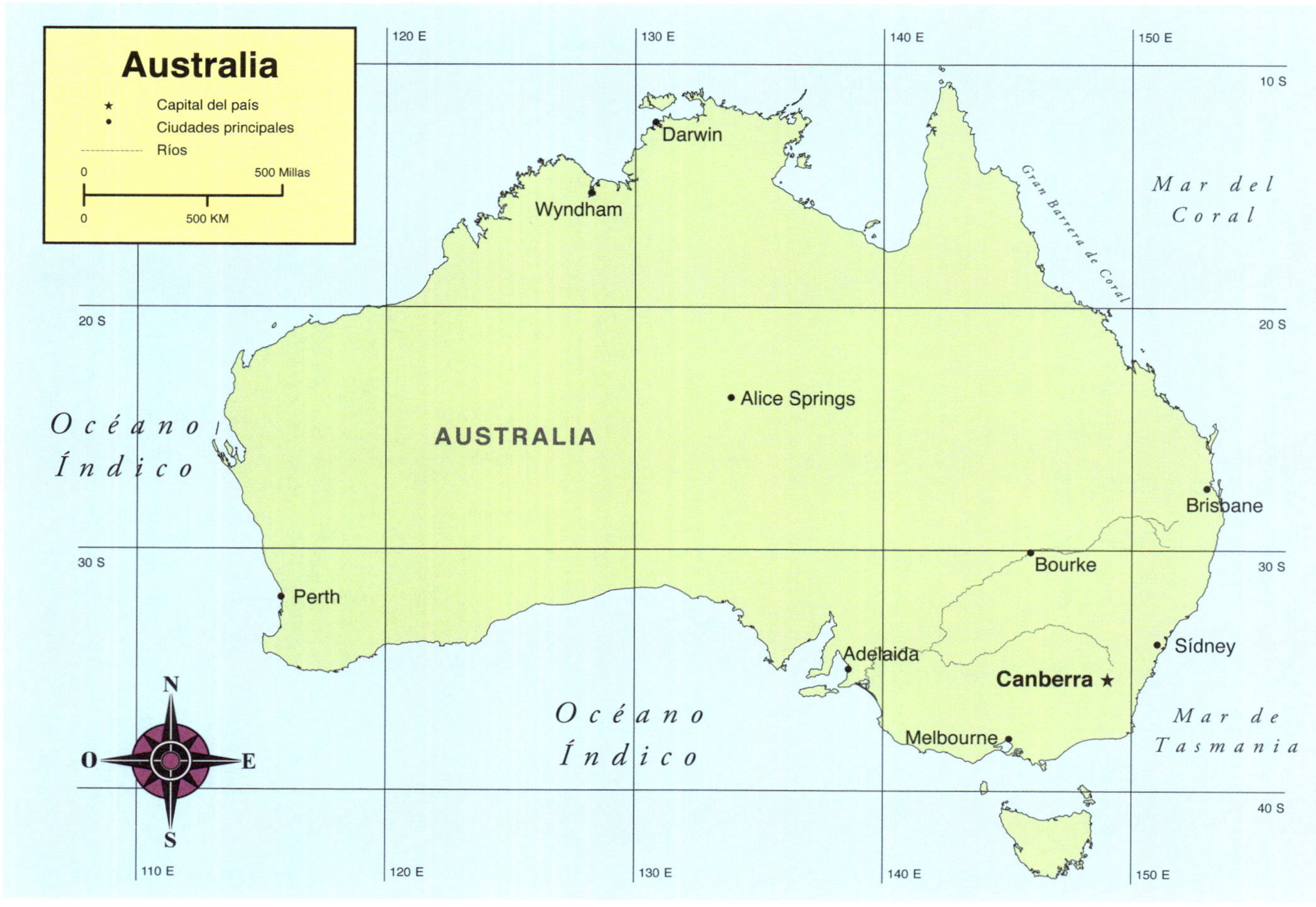

1. Darwin se encuentra al ______________ de Adelaida.

   a. noreste   b. noroeste   c. sureste   d. suroeste

2. _________________________________ se encuentra aproximadamente a 24°S y 134°E.

3. ¿Qué ciudad se encuentra aproximadamente a 37°S y 145°E? __________________

4. ¿Qué característica física se encuentra frente a la costa noreste de Australia?

   ____

5. ¿Qué ciudad está situada aproximadamente a 32°S y 116°E?

   ____

Países de Oceanía

Usa los siguientes mapas para responder las preguntas.

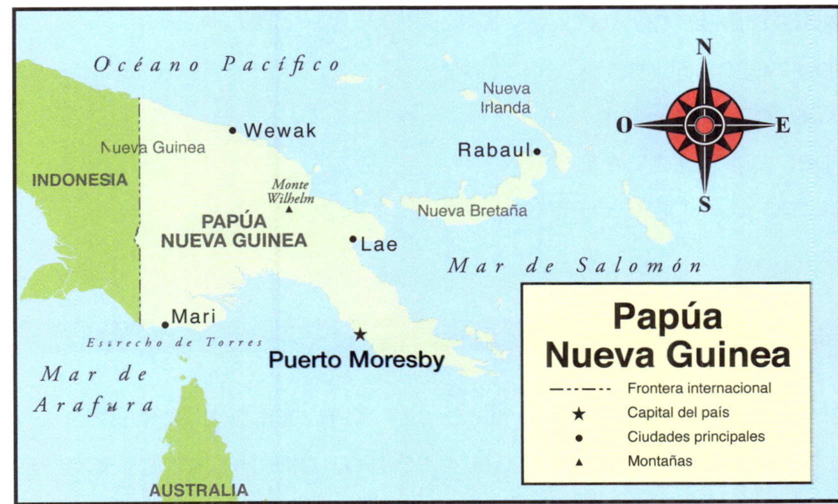

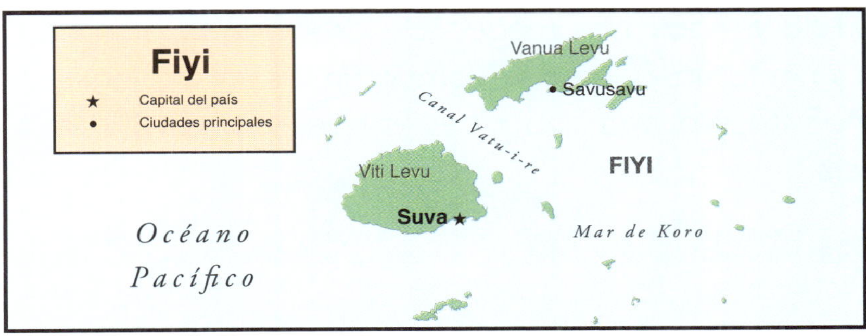

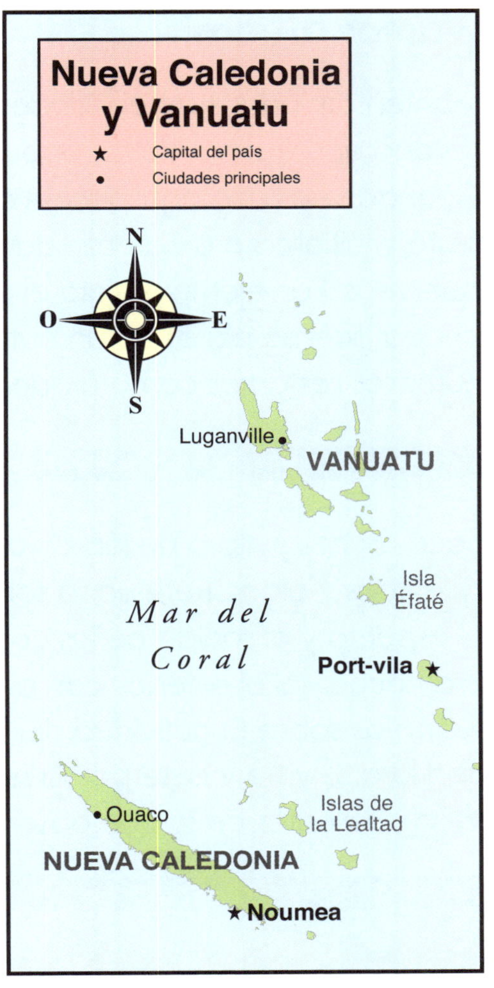

1. Suva es la capital de __________.

   a. Vanuatu   b. Vanua Levu   c. Nueva Guinea   d. Fiyi

2. La ciudad de __________ no se encuentra en la isla de Papúa Nueva Guinea.

   a. Lae   b. Puerto Moresby   c. Ouaco   d. Mari

3. Las dos islas más grandes de Fiyi son Vanua Levu y __________.

   a. Viti Levu   b. Isla Éfaté   c. Nueva Bretaña   d. Nueva Irlanda

4. El mar que separa Nueva Caledonia y Vanuatu es el __________.

   a. Mar de Koro   b. Mar del Coral   c. Mar de Arafura   d. Mar de Salomón

EXTRA

¡Vamos afuera!

Mantén afinadas tus habilidades matemáticas este verano aprovechando las oportunidades de cálculo. Cuando veas una agrupación de números, suma, resta, multiplica o divide rápidamente los números que veas. Por ejemplo, trata el primer *número de la chapa* (license plate) de un auto como divisor y los tres números restantes como dividendo.

Saca un bolígrafo o un lápiz y un cuaderno y sal al aire libre por la mañana. Anota lo que veas y oigas. Reflexiona sobre tus observaciones matinales. Haz predicciones sobre el aspecto y el sonido de las cosas por la noche. ¿Qué será igual? ¿Qué será diferente? Esa noche, sal al exterior con un adulto y registra las imágenes y los sonidos. Compara tus notas sobre la actividad diurna y nocturna. ¿Cómo se comparan tus predicciones con lo que viste y oíste por la noche? ¿Qué puede haber hecho que tus predicciones sean diferentes de lo que observaste?

Muchos animales dependen de su sentido del oído para explorar su entorno. Tú puedes hacer lo mismo en una tarde de verano. Siéntate en el patio de tu casa, en un banco del parque o en algún otro lugar seguro y cómodo en compañía de un adulto. Abre un cuaderno con una hoja en blanco. Con un bolígrafo o un lápiz, dibuja una estrella en el centro de la hoja para representarte a ti mismo. A continuación, cierra los ojos y escucha el mundo que te rodea. Con los ojos cerrados, haz pequeñas marcas en el papel para describir los sonidos que oyes y las direcciones de las que proceden. Por ejemplo, puedes dibujar una línea ondulada para representar el gorgoteo de un pequeño arroyo, o un remolino para representar el sonido del viento entre los árboles. Después de unos minutos, abre los ojos y examina tu papel. ¿Cuánto lograste saber de tu entorno con solo escuchar?

* Ve la página ii.

Objetivos mensuales

Piensa en tres objetivos que quieras cumplir este mes. Por ejemplo, tal vez quieras hacer ejercicio cada día durante 30 minutos. Escribe tus objetivos en las líneas y revísalas con un adulto.

Pega una estrella junto a cada objetivo que cumplas. ¡Siéntete orgulloso de haber cumplido tus objetivos!

1. ____   COLOCA UNA ESTRELLA AQUÍ

2. ____   COLOCA UNA ESTRELLA AQUÍ

3. ____   COLOCA UNA ESTRELLA AQUÍ

Lista de palabras

En esta sección se utilizan las siguientes palabras. Son palabras que te convendrá conocer. Léelas en voz alta. Utiliza un diccionario para buscar todas las palabras que no conozcas. A continuación, escribe dos oraciones en inglés. Utiliza al menos una palabra de la de la lista de palabras en cada oración.

chart (tabla, cuadro)	mental (mental)
climate (clima)	symbols (símbolos)
economy (economía)	system (sistema)
legend (leyenda, guía)	temperature (temperatura)

1. ____

____

2. ____

____

Introducción a la resistencia

Esta sección incluye actividades de acondicionamiento físico y de desarrollo del carácter centradas en la resistencia. Estas actividades están diseñadas para mantenerte en movimiento y para hacerte pensar en el desarrollo de tu resistencia física y de tu carácter. Si tienes una movilidad limitada, no dudes en modificar los ejercicios sugeridos para adaptarlos a tus capacidades individuales.

Resistencia física

¿Qué tienen en común jugar a las atrapadas, saltar la cuerda y andar en bicicleta? ¡Que son excelentes formas de desarrollar resistencia física!

Tener resistencia significa realizar una actividad durante un periodo de tiempo antes de que tu cuerpo se canse. Tu corazón es más fuerte cuando tienes resistencia. Tus músculos reciben más oxígeno.

Aprovecha las mañanas cálidas y los días soleados para salir al exterior. Elige actividades que te gusten. Invita a un miembro de tu familia a dar un paseo a pie o en bicicleta. Juega un partido de baloncesto con tus amigos. Deja las actividades relajantes para cuando esté oscuro, haga demasiado calor o para cuando llueva.

Establece un objetivo de resistencia para este verano. Por ejemplo, podrías saltar la cuerda todos los días hasta que puedas saltar la cuerda por dos minutos sin parar. Establece nuevos objetivos cuando cumplas los anteriores. ¡Enorgullécete de tus éxitos en materia de resistencia!

Resistencia y desarrollo del carácter

Demostrar resistencia mental significa perseverar. Puedes mostrar resistencia mental todos los días. Continuar con una tarea cuando sientes ganas de abandonarla y trabajar hasta que están terminadas son formas de demostrar resistencia mental.

Desarrolla tu resistencia mental este verano. Piensa en un momento en el que te hayas sentido frustrado o aburrido. Tal vez querías tomar clases de natación. Pero, después de unas cuantas lecciones, no es tan divertido como imaginabas. Piensa en algunos puntos clave, como la forma en que pediste tomar las lecciones durante toda la primavera. Sé positivo. Recuérdate a ti mismo que solo has tomado unas pocas lecciones. Puede que te acostumbres a las lecciones de madrugada. Piensa en formas de hacer que las clases sean más agradables, como dormir unos minutos más en el auto por la mañana. Renunciar debería ser la última opción.

Desarrolla tu resistencia mental ahora. ¡Te ayudará a prepararte para los retos que puedas afrontar más adelante!

Rellena los espacios en blanco de cada oración con un conjunto de *conjunciones correlativas* (correlative conjunctions) del banco de palabras.

either/or	neither/nor	both/and	not only/but also

1. ___________________________ my uncle ___________________________ my aunt will be able to attend Claudia's graduation.

2. ___________________________ we can go to the basketball game, ___________________ we can go to the water park.

3. We often see ___________________________ cardinals ___________________________ chickadees at the feeder in our backyard.

4. _______________did Marco forget his math homework today, ___________________ he _______________ lost a library book.

5. ___________________________ our cats ___________________________ our dog behave very well when we go on vacation.

6. ___________________________ the maple ___________________________ the chestnut tree have grown a lot in the last couple of years.

Tres modalidades de acondicionamiento físico

Un *triatlón* (triathlon) es una intensa carrera de resistencia con pruebas de natación, ciclismo y carrera de atletismo. Este tipo de prueba atlética requiere una fuerza, flexibilidad y resistencia increíbles. Organiza tu propio *minitriatlón* (mini-triathlon) para poner a prueba tu resistencia. Con la ayuda de un adulto, planifica un día en el que puedas nadar, andar en bicicleta y correr. Para variar, elige las tres actividades físicas que prefieras.

Practica esta actividad varias veces a lo largo del verano. Empieza con distancias cortas. Aumenta gradualmente la distancia para aumentar tu resistencia. Registra las distancias recorridas durante el verano. ¿Cuánto lograste recorrer a finales de agosto?

* Ve la página ii.

Lee el pasaje. A continuación, responde las preguntas.

Latitude and Longitude

Latitude and longitude lines divide the earth into regions. Latitude lines run around the globe from east to west. The line around the middle is called the *equator*. Latitude is measured using the equator as zero. The lines around the earth as you move north are either labeled with positive numbers or the letter *N* for north. The lines going south have either negative numbers or the letter *S* for south. Longitude lines run north to south from the north pole to the south pole. The zero point, or the *Prime Meridian*, for longitude runs through Greenwich, England. The numbers east of the Prime Meridian are either labeled with positive numbers or the letter *E* for east. The numbers west of the Prime Meridian are either labeled with negative numbers or the letter *W* for west. Both measurements are given in degrees. The latitude of Ottawa, the capital of Canada, is 45°25'0" N, which is read as "forty-five degrees, twenty-five minutes, zero seconds north." Latitude and longitude have long been used by people who study geography and mapmaking, as well as by explorers who travel around the world.

7. What is the main idea of this passage?

    a. Latitude and longitude lines are used to divide the earth into regions.

    b. Longitude is measured in degrees.

    c. The latitude of Ottawa is 45°25'0" N.

8. Where is the zero point for longitude? _______________________________________

9. Which people might use latitude and longitude most often?_______________________

    ____

10. Why do you think people might want to know their exact locations on the earth?

    ____

    ____

Encierra en un círculo las palabras del circuito eléctrico en la sopa de letras. Las palabras pueden ir a lo largo y a lo ancho.

current	closed circuit	negative	watts
metal	battery	positive	wires
insulator	conductor	voltage	resistance

```
v  o  l  t  a  g  e  a  i  t  q  w  t  n
b  r  e  s  i  s  t  a  n  c  e  i  l  k
a  h  u  t  w  a  t  t  s  g  y  r  z  b
t  e  c  g  j  m  d  x  u  q  k  e  e  v
t  y  o  f  h  v  k  u  l  z  b  s  r  h
e  f  n  r  o  w  g  d  a  a  q  a  z  x
r  u  d  h  n  b  v  f  t  r  e  w  n  s
y  j  u  y  u  i  j  m  o  k  i  o  e  p
z  i  c  q  w  c  u  r  r  e  n  t  g  l
p  g  t  a  m  z  x  s  e  d  c  v  a  m
c  l  o  s  e  d  c  i  r  c  u  i  t  j
b  g  r  t  t  y  h  n  m  j  u  o  i  u
o  l  p  m  a  q  p  o  s  i  t  i  v  e
h  y  u  j  l  w  r  y  i  p  k  h  e  f
```

DATO: Algunos peces pulmonados pueden sobrevivir fuera del agua durante dos años.

DÍA 2

Resuelve cada problema de división. Para dividir fracciones, multiplica la primera fracción por el *recíproco* (reciprocal), o versión invertida, de la segunda fracción. Te ayudará cambiar los números enteros por fracciones.

EJEMPLO: $6 \div \dfrac{1}{6} = \dfrac{6}{1} \times \dfrac{6}{1} = \dfrac{36}{1} = 36$

1. $5 \div \dfrac{1}{2} =$ _________

2. $\dfrac{1}{5} \div 8 =$ _________

3. $\dfrac{1}{4} \div 7 =$ _________

4. $3 \div \dfrac{1}{3} =$ _________

5. $2 \div \dfrac{1}{9} =$ _________

6. $\dfrac{1}{8} \div 3 =$ _________

7. $9 \div \dfrac{1}{5} =$ _________

8. $\dfrac{1}{6} \div 5 =$ _________

9. $\dfrac{1}{3} \div 4 =$ _________

10. $4 \div \dfrac{1}{4} =$ _________

11. $7 \div \dfrac{1}{2} =$ _________

12. $\dfrac{1}{9} \div 3 =$ _________

Utiliza los *signos de edición* (editing marks) para corregir la puntuación y las mayúsculas en la carta.

july 17 2015

dear david

thank you for sending me the pictures from your trip it looks like you had a great time do you want me to send them back next week im going to kansas city with my dad i can't wait

your friend

greg

ACONDICIONAMIENTO FÍSICO:
Trota 30 segundos en un mismo lugar.

* Ve la página ii.

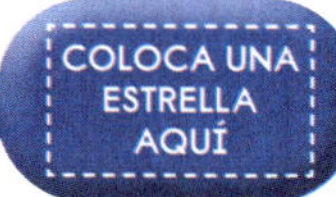

Escribe una expresión para cada oración y da su valor.

EJEMPLO: 4 más que el producto de 6 y 3 (6 × 3) + 4 = 18 + 4 = 22

1. La diferencia de 15 y 7 dividida por 2: _______________________

2. El cociente de 56 y 8 multiplicado por 4: _______________________

3. 12 menos que el producto de 5 y 9: _______________________

4. $\frac{1}{2}$ de 12 multiplicado por la suma de 3 y 2: _______________________

5. La diferencia de 8 y 1 multiplicada
    por el producto de 3 y 3: _______________________

6. 10 más que el cociente de 24 y 8: _______________________

Escribe una carta a un amigo, a un abuelo o a otra persona de tu elección. Asegúrate de que tu carta contenga las cinco partes de una carta: fecha, saludo, texto, despedida y firma. Puedes escribir en inglés o en español.

____

____

____

____

____

____

____

Lee el pasaje. A continuación, responde las preguntas.

Political Parties

Political parties are groups of people who feel the same way about one or more issues. Each party may work to elect several candidates to office, from city mayor to the president of the United States. Political parties often use symbols to represent themselves. When people see the symbols, they think of the political parties. The donkey was first used in a political advertisement to represent President Andrew Jackson, who was with the U.S. Democratic Party. Donkeys are considered smart and courageous. The U.S. Republican Party symbol is the elephant. Elephants are known for their strength and intelligence. Both of these parties use red, white, and blue—the colors of the U.S. flag. Many of the Canadian political parties have maple leaves as part of their logos or designs to indicate that the parties are tied to their country. The maple leaf appears on the Canadian flag. Political parties in Great Britain use different symbols. The Labour Party uses the rose (the national flower), the Conservative Party uses the oak tree (for strength), and the Liberal Democrats use a dove (for peace).

7. What is the main idea of this passage?

    a. When people see a symbol, they think of a political party.

    b. Political parties use symbols to represent them.

    c. The Canadian flag has a maple leaf on it.

8. What are political parties? ____

    ____

9. Why do you think a political party might use symbols from its country's flag?

    ____

    ____

10. What symbols are used by British political parties?_________________________

DATO: En inglés, un grupo de ranas se llama _army_.

Utiliza la siguiente información para convertir cada medida.

16 onzas = 1 libra	2,000 libras = 1 tonelada

1. 160 onzas = _____________ libras

2. _____________ onzas = 5 libras

3. 5 toneladas = _____________ libras

4. _____________ onzas = 9 libras

5. 4,000 libras = _____________ toneladas

6. _____________ libras = 7 toneladas

7. 8,000 libras = _____________ toneladas

8. _____________ onzas = 11 libras

9. _____________ libras = 3 toneladas

10. 10 toneladas = _____________ libras

11. 32 onzas = _____________ libras

12. _____________ onzas = 3 libras

Cambia una o ambas fracciones en cada problema para que ambas fracciones tengan un _denominador común_ (common denominator). Luego, suma o resta. Escribe la respuesta de la forma más sencilla.

13. $\dfrac{3}{4} + \dfrac{5}{8} =$ _______

14. $\dfrac{2}{9} + \dfrac{5}{6} =$ _______

15. $\dfrac{13}{15} - \dfrac{1}{3} =$ _______

16. $1\dfrac{1}{2} + \dfrac{5}{6} =$ _______

17. $2\dfrac{2}{3} - \dfrac{7}{12} =$ _______

18. $\dfrac{5}{13} + \dfrac{1}{3} =$ _______

19. $\dfrac{11}{12} - \dfrac{8}{15} =$ _______

20. $5\dfrac{1}{4} - 3\dfrac{5}{8} =$ _______

21. $\dfrac{9}{10} - \dfrac{3}{7} =$ _______

DÍA 4

Escribe la(s) palabra(s) correcta(s) para completar cada oración.

| agua | calcio | circulatorio | células | hierro | digestivo |

22. El cuerpo humano está formado de millones de pequeñas ___________________ .

23. El cuerpo humano es principalmente ____________ , entre el 55 y el 75 por ciento.

24. El cuerpo humano contiene muchos metales y minerales, dos de los cuales son

    ___________________________ y ___________________________ .

25. Las glándulas salivales, el esófago, el estómago, la vesícula biliar, el intestino delgado

    y el intestino grueso son parte del sistema ___________________________ .

26. El sistema ___________________________ mueve la sangre por el cuerpo.

Utiliza un tesauro y escribe un *sinónimo* (synonym) y un *antónimo* (antonym) para cada palabra.

	Sinónimo	Antónimo
27. rough		
28. problem		
29. interesting		
30. surprise		
31. happy		
32. harvest		

ACONDICIONAMIENTO FÍSICO:
Salta con el pie derecho durante 30 segundos.

* Ve la página ii.

Utiliza la tabla para responder cada pregunta.

Sitios web populares de chistes

Sitio web	Número de visitantes
ruhilarious.joke	83,121
lapsincomedy.joke	58,452
webofpuns.joke	70,907
quietquippers.joke	46,162
dropmeapunchline.joke	49,323

1. ¿Qué sitio web fue el menos popular? _______________________________

2. ¿Qué sitio web fue el más popular? _______________________________

3. ¿Cuántos visitantes más recibió el sitio más popular que el menos popular?

   ____

4. ¿Cuántos visitantes más recibió *webofpuns.joke* que *lapsincomedy.joke*?

   ____

5. ¿Cuántos visitantes menos recibió *dropmeapunchline.joke* que *lapsincomedy.joke*?

   ____

6. ¿Cuál es el número promedio de personas que visitaron estos sitios web? Para hallar el promedio, divide el número total de visitantes entre el número de sitios web.

   ____

DÍA 5

Lee el pasaje. A continuación, responde las preguntas.

Reading Maps

Have you ever used a map to plan a route? A world map shows the outlines of the continents and seas. It may have parts shaded brown and green to show areas of desert or forest. A city map shows important buildings, such as the library or city hall, as well as city streets. Maps use symbols to help you understand them. A compass rose looks like an eight-pointed star inside a circle. It shows you the directions north, south, east, and west. North is usually at the top. A map scale tells you how the distances on a map relate to the real world. For example, one inch (2.5 cm) on the map may be equal to 100 miles (160.9 km). A map legend shows you what other symbols mean. A black dot may stand for a city, a star inside a circle may mean a country's capital city, and an airplane may be used to represent an airport. Knowing what these symbols mean makes it much easier to travel.

7. What is the main idea of this passage?

    a. Some maps use a compass rose and a scale.

    b. A world map is very different from a city map.

    c. Maps use symbols to help you understand them.

8. What does a world map show?______________________________

____

9. What does a city map show?_______________________________

____

10. What does a compass rose show? ___________________________

____

PRUEBA DE CARÁCTER: ¿Qué es la regla de oro? Explica la regla con tus propias palabras en una hoja aparte.

Utiliza la tabla de *valor posicional* (place value) para escribir cada número.

EJEMPLO: Ochenta y seis millones quinientos treinta y siete mil ciento cuarenta y tres

86,537,143

1. Seis millones ochocientos cuarenta y tres mil _______________________________

2. Novecientos seis millones cuatrocientos mil dos _______________________________

3. 986,218,320 _______________________________

____

4. 234,186,018 _______________________________

____

Escribe un poema en inglés sobre tu autorretrato.

Write your name.

Write two words that describe you.

Write three words that tell what you like to do.

Write two more words that describe you.

Write your name again.

____

____

____

____

____

DÍA 6

Lee el pasaje. A continuación, responde las preguntas.

Paul Bunyan

Paul Bunyan was born in the woods of Maine. As soon as his parents saw their little giant, Pa headed straight for the nearest army post to ask for some old tents. He used them as diapers for his big boy!

The family kept an entire herd of dairy cows just to fill Paul's belly with milk when he was a young 'un. When Paul started crawling, he'd knock over trees without meaning to. The trouble didn't stop there. On a trip to the coast, Paul flooded a number of small towns just by splashing about in the ocean. The good folks of Maine had had enough. They asked Paul's parents to take their jumbo son and move somewhere he could have a bit more space.

The Bunyans settled in Minnesota. That year, Paul made his first friend—a gigantic, baby blue ox named Babe. Paul and Babe left giant footprints behind from frolicking around on a spring day. The rains came and filled up the holes, creating lakes. Paul and Babe were the reason that Minnesota became known as *the land of ten thousand lakes.*

5. Exaggeration is often used in legends and tall tales. Give examples of parts of Paul Bunyan's story that are exaggerated.

____

____

6. What is the author's purpose in writing this selection? How do you know?

____

____

7. The story of Paul Bunyan is a tall tale with many different retellings. Find another version online or at the library. How is it similar to and different from this version? Write a paragraph on a separate sheet of paper to explain, making sure to support your comparison with good details.

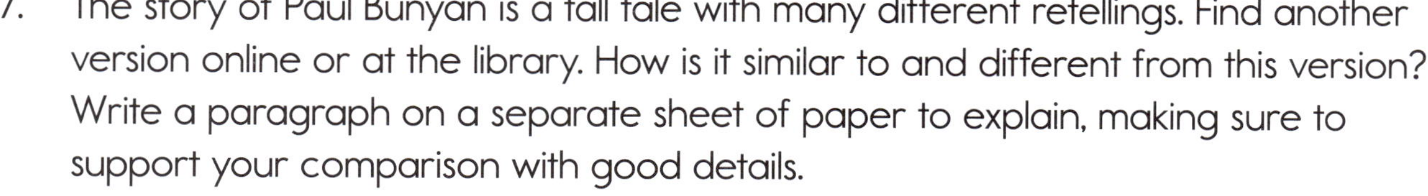

Utiliza fracciones equivalentes para resolver cada problema. Escribe las respuestas de la forma más sencilla.

1. Lacey practicó ayer el piano tres veces. Practicó $\frac{1}{2}$ hora por la mañana, $1\frac{1}{4}$ horas después de la escuela y $\frac{3}{8}$ de hora antes de acostarse. ¿Cuánto tiempo practicó en total?

_________ horas.

2. La calabaza de Max pesa $4\frac{4}{5}$ libras. La calabaza de Lance pesa $6\frac{1}{3}$ libras. ¿Cuánto más pesa la calabaza de Lance que la de Max?

_________ libras.

3. La receta requiere 3 tazas de harina, $\frac{1}{2}$ taza de azúcar y $\frac{2}{3}$ de taza de leche. ¿Cuál es el volumen total de los tres ingredientes?

_________ tazas.

4. El Sendero del Manantial de la Montaña tiene $4\frac{7}{8}$ millas de largo. Hallee y Sophia han recorrido $2\frac{11}{12}$ millas del sendero. ¿Cuánto les queda por recorrer?

_________ millas.

Una palabra de cada serie está mal escrita. Subraya la palabra mal escrita y escribe la palabra correcta en la línea. Puedes utilizar un diccionario si es necesario.

5. eagle   melody   teknique   ____________________

6. express   migrasion   increase   ____________________

7. Febuary   autumn   receive   ____________________

8. admitted   impashent   politician   ____________________

9. scisors   visual   committee   ____________________

10. vessel   commotion   seperate   ____________________

DATO: Las libélulas pueden volar a velocidades de hasta 40 millas (64 km) por hora.

DÍA 7

Una *analogía* (analogy) es una comparación entre dos pares de palabras. Completa cada analogía.

EJEMPLO: Story is to read as song is to ________________ sing ________________ .

11. Brother is to boy as sister is to ________________________________ .

12. Princess is to queen as prince is to ________________________________ .

13. Milk is to drink as hamburger is to ________________________________ .

14. Daisy is to flower as maple is to ________________________________ .

15. Car is to driver as plane is to ________________________________ .

16. Ceiling is to room as lid is to ________________________________ .

17. Paper is to tear as glass is to ________________________________ .

Haz una lista de cinco o seis actividades que te gusten. Algunos ejemplos son correr, saltar, hacer abdominales, tocarse los dedos de los pies, hacer flexiones, saltar la cuerda y practicar deportes. Escribe en inglés cómo estas actividades te ayudan a mantenerte sano.

____

____

____

____

____

____

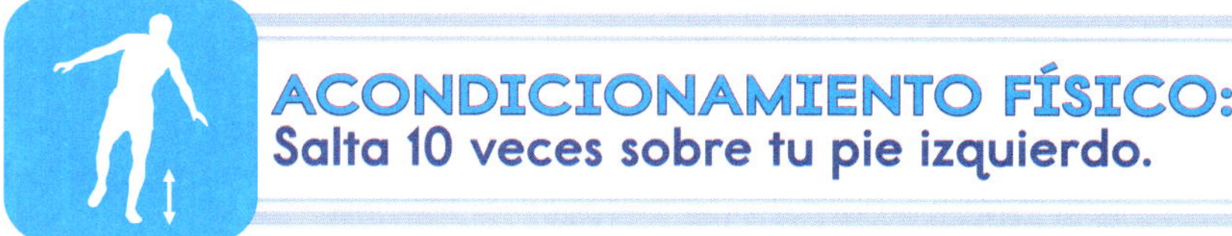

* Ve la página ii.

COLOCA UNA ESTRELLA AQUÍ

En cada oración falta una *coma* (comma) después de la frase introductoria. Añade la coma utilizando este símbolo: ⌄.

1. Unfortunately the package did not arrive in time.

2. Although Hannah was near the front of the line she did not get to choose the book she wanted.

3. On Saturday Dad is going to make pancakes for breakfast.

4. At the corner of Wilcox Road and Pinevale Avenue there is a fruit stand.

5. Sadly we were not able to rescue the baby bird.

6. In spite of the rain the festival was a lot of fun.

7. To get to the pond take Dragonfly Trail.

8. First stretch your arms above your head as far as you can reach.

Sigue las instrucciones en orden.

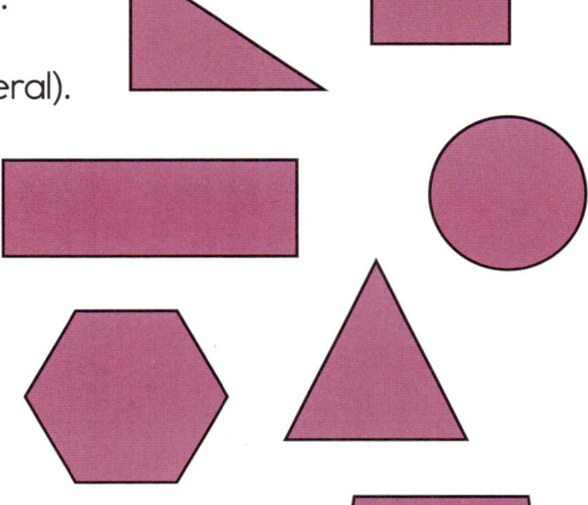

9. Tacha la figura que no es un *polígono* (polygon).

10. Tacha el *cuadrilátero regular* (regular quadrilateral).

11. Tacha el *paralelogramo* (parallelogram).

12. Tacha el *triángulo rectángulo* (right triangle).

13. Tacha el *hexágono* (hexagon).

14. Tacha el *polígono regular* (regular polygon).

15. Encierra en un círculo el nombre de la figura que queda.

   cometa (kite)   *trapecio* (trapezoid)   *rombo* (rhombus)

DÍA 8

Lee la historia. Luego, responde las preguntas que siguen.

Who Did It?

Grayson and Dustin were playing volleyball in their backyard with some friends. They had been playing all afternoon in the hot sun. Dustin decided that he was tired of playing volleyball. He sat down on the back steps to watch the others. "I'm going into the house to get a drink of water," said Dustin. Several of the others decided that they were thirsty too, and they went inside with Dustin.

After getting a drink of water, the other boys headed home for dinner. Dustin told his brother that he was hungry and went to the kitchen for something to eat. Dustin's dad came into the kitchen to make dinner. "Who ate all of the hot dogs?" he exclaimed. "They were right here on the counter."

Grayson and Dustin looked at each other. "We didn't, Dad," Dustin said. Dad said, "Well, somebody must have. Do you have any clues?"

They all started looking around for clues. The boys' muddy shoes had left tracks on the floor, but the tracks weren't in the area where the hot dogs had been. Just then, everyone heard what sounded like a satisfied *meow* coming from the den. They rushed into the den just in time to see Tiger, Dustin's cat, gobbling down the last hot dog. Tiger licked his paws clean. "No wonder we didn't find any cat tracks in the kitchen," laughed Dustin's dad. "Tiger always keeps his paws very clean, unlike some boys I know."

16. Why weren't there any tracks in the area where the hot dogs had been?

    ____

17. From whose point of view is the story told? Do you think it is an effective point of view to use for this story? Explain.

    ____

    ____

18. On a separate sheet of paper, write an alternate final paragraph to the story with your own solution to the mystery.

Utiliza el gráfico para responder cada pregunta.

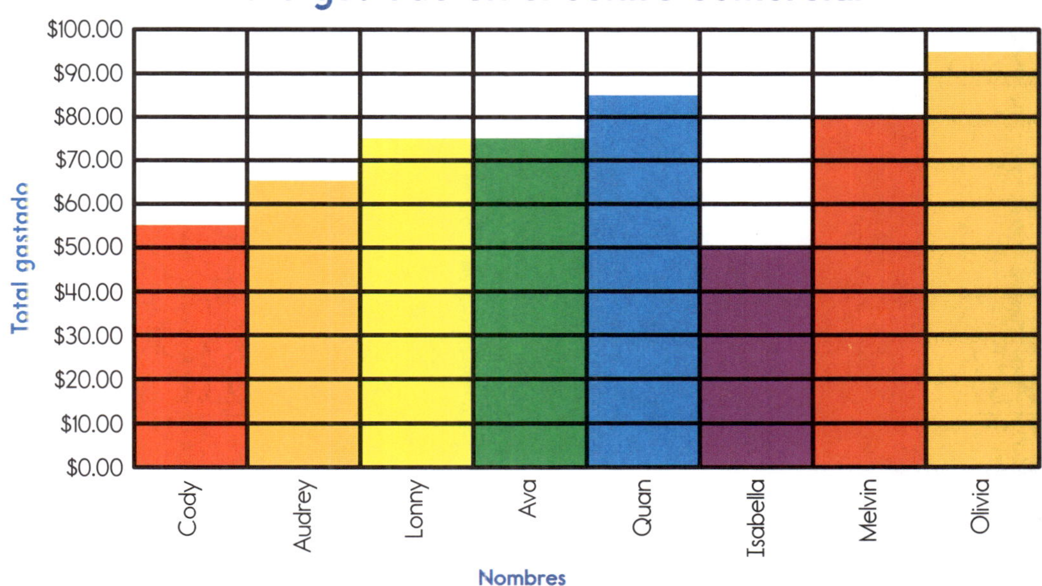

1. ¿Quién gastó más dinero en el centro comercial? _______________________________

2. ¿Quién gastó menos dinero en el centro comercial? _______________________________

3. ¿Cuánto dinero más gastó Melvin que Cody? _______________________________

4. ¿Cuánto dinero gastó Audrey menos que Olivia? _______________________________

5. ¿Qué compradores gastaron la misma cantidad de dinero? _______________________________

6. ¿Cuál fue el promedio de dinero gastado? Para hallar el promedio, divide la cantidad total gastada por el número de compradores. _______________________________

Encierra en un círculo cada _raíz_ (root word). Subraya cada _prefijo_ (prefix).

7. unhappy	8. preheat	9. bicycle
10. review	11. misunderstand	12. unknown
13. uncover	14. uniform	15. replace

DÍA 9

Resuelve cada problema.

16.
$$\begin{array}{r} \$409.75 \\ -\ 249.83 \\ \hline \$\quad. \end{array}$$

17.
$$\begin{array}{r} \$14.74 \\ \times\qquad 3 \\ \hline \$\quad. \end{array}$$

18.
$$\begin{array}{r} \$492.00 \\ -\ 349.50 \\ \hline \$\quad. \end{array}$$

19. $4\overline{)\$12.92}$ → $\$\quad.$

20.
$$\begin{array}{r} \$162.49 \\ +\ 186.32 \\ \hline \$\quad. \end{array}$$

21. $7\overline{)\$49.77}$ → $\$\quad.$

22.
$$\begin{array}{r} \$601.89 \\ -\ 403.23 \\ \hline \$\quad. \end{array}$$

23.
$$\begin{array}{r} \$9.57 \\ -\qquad 6 \\ \hline \$\quad. \end{array}$$

Utiliza un diccionario impreso o en línea para encontrar la definición de cada palabra. Escribe la definición en la línea.

24. anticipate ____

25. predicament ____

26. prominent ____

27. conspicuous ____

28. sanctuary ____

29. stifle____

* Ve la página ii.

DÍA 10

Escribe la palabra correcta para completar cada oración.

> energía (energy) grupos de alimentos (food groups) nutrientes (nutrients)
> ejercicio (exercise) saludable (healthy) water (agua)

1. Los _________________________ son los ingredientes básicos y nutritivos de los alimentos sanos que consumes.

2. El _________________________te ayuda a fortalecer los músculos, el corazón y los pulmones.

3. Tu cuerpo está compuesto entre el 55 y el 75 por ciento de_________________ .

4. La carne, las frutas, los vegetales, la leche, los panes y cereales constituyen la base de los _________________________ .

5. Estar saludable significa sentirse bien y tener la _________________________ para trabajar y jugar.

6. Estar _________________________ significa sentirse bien y mantenerse bien.

Añade un *prefijo* (prefix) y un *sufijo* (suffix) a cada palabra.

7. __________ print ____________

8. __________ port ____________

9. __________ spell ____________

10. __________ courage __________

11. __________ light ____________

12. __________ cook ____________

13. __________ lock ____________

14. __________ agree ____________

Elige dos de las nuevas palabras y utilízalas en oraciones.

15. ____

16. ____

DÍA 10

El señor Mackle llenó macetas con diferentes cantidades de tierra. Muestra los datos en el *gráfico de líneas* (line plot).

Recipiente	A	B	C	D	E	F	G	H	I	J	K	L
Cantidades de tierra	$22\frac{1}{8}$ cuartos	24 cuartos	$22\frac{1}{2}$ cuartos	$20\frac{1}{2}$ cuartos	$22\frac{1}{8}$ cuartos	$22\frac{1}{4}$ cuartos	$22\frac{1}{2}$ cuartos	$20\frac{1}{4}$ cuartos	$22\frac{1}{2}$ cuartos	$20\frac{1}{2}$ cuartos	$22\frac{1}{4}$ cuartos	24 cuartos

Clave
Maceta con tierra = X

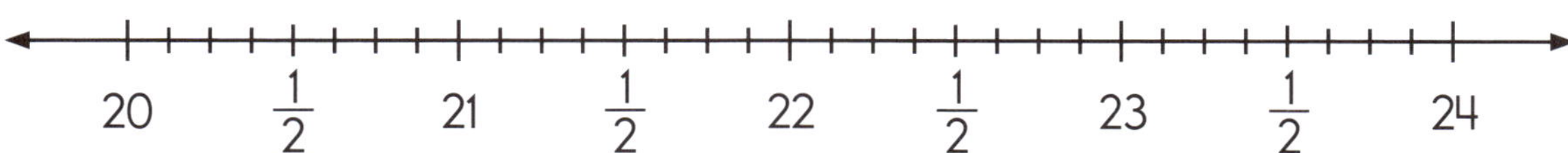

Si el señor Mackle combina la tierra de todas
las macetas y la redistribuye por igual entre
todas, ¿qué cantidad de tierra contendría cada maceta? _______________________

En las oraciones faltan *comas en serie* (series commas). Utiliza la marca de corrección ⌄ para añadir comas donde sean necesarias.

17. Mrs. Zheng planted zinnias cosmos poppies and bluebells in her wildflower garden.

18. This week, we have seen cardinals chickadees sparrows and robins at the feeder.

19. Darius invited Erik Joey Roberto and Sam to sleep over on Saturday.

20. Please remember to get broccoli cheddar cheese orange juice and bread at the grocery store.

21. Malia brought watercolors paintbrushes and a pad of paper to her art class.

22. Sadie won a goldfish a teddy bear and a plastic bracelet at the carnival.

PRUEBA DE CARÁCTER: ¿Qué es lo más difícil que has hecho? ¿Cómo te sentiste al hacerlo? En una hoja aparte, escribe un párrafo sobre tu experiencia.

El *volumen* (volume) de un *sólido rectangular* (rectangular solid) se halla multiplicando su *longitud* (length) por su *amplitud* (width) y por su *altura* (height). La fórmula es $l \times w \times h$.

EJEMPLO: 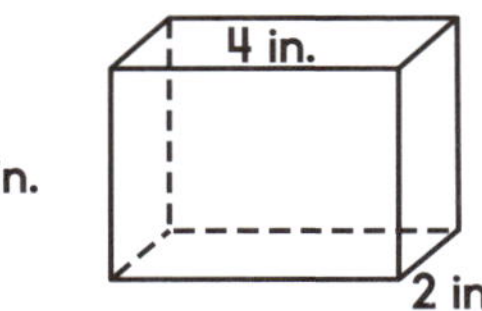

Longitud: 4 in.
Amplitud: 2 in.
Altura: 3 in.

Volumen = **longitud x amplitud x altura**
Volumen = **(4 in.) x (2 in.) x (3 in.)**
Volumen = **24 pulgadas cúbicas**

1. 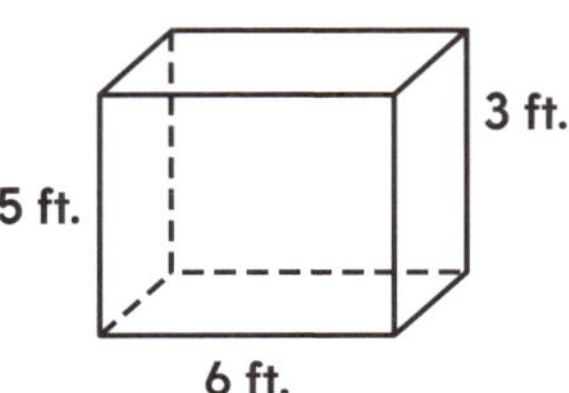

______ × ______ × ______ = ______ pies cúbicos

2. 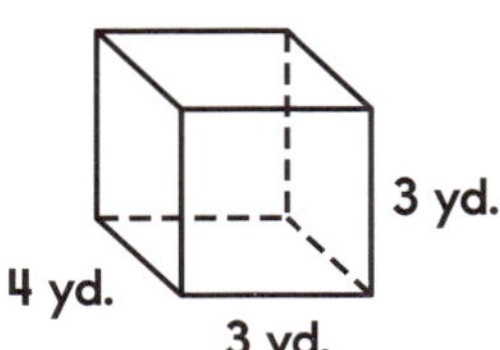

______ × ______ × ______ = ______ yardas cúbicas

3. 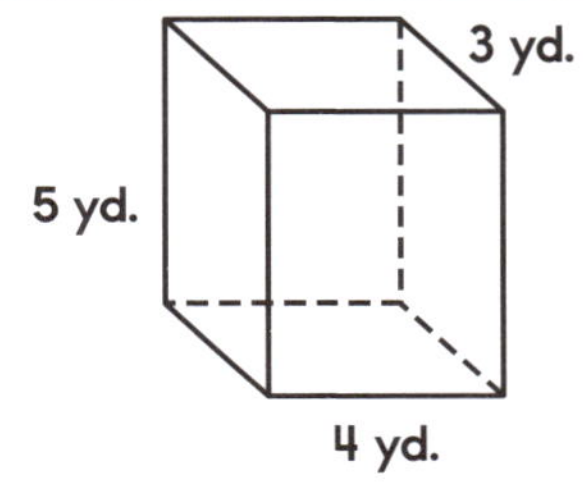

______ × ______ × ______ = ______ yardas cúbicas

4. 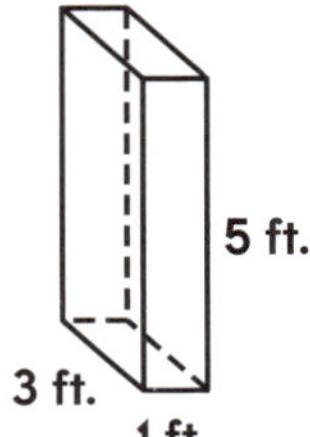

______ × ______ × ______ = ______ pies cúbicos

La palabra *and* (y) se utiliza con demasiada frecuencia en la escritura. Vuelve a escribir esta *oración corrida* (run-on sentence), omitiendo la palabra *and* en la medida de lo posible.

My friend and I visited Cardiff, Wales, and we learned that Cardiff is the capital and largest port of Wales and the city lies on the River Taff near the Bristol Channel and Cardiff is near the largest coal mines in Great Britain.

____

____

____

DÍA 11

Lee el pasaje. A continuación, responde las preguntas.

Plant Parts

Plants have many parts. You can see some of them, but they have parts that you can't see, too. The plant begins with the root system underground. It sends out roots into the soil to gather water and minerals. The part of the plant that grows out of the ground is called the *stem*. The stem moves water and minerals from the soil into the leaves. The leaves use sunlight, air, water, and minerals to make food for the plant, which is then moved to other parts of the plant. The leaves also produce the oxygen we breathe. Some leaves have only broad, flat areas connected to the stems. Others have many leaflets, or slim, needle-like parts. Many plants have flowers on top of the stems. The petals of the flowers help attract bees and butterflies, which bring pollen from other flowers. The pollen helps flowers make new plants for the next year. Some plants bear fruit. New plants can grow from the seeds in the fruit.

5. What is the main idea of this passage?

    a. A plant's root system is underground.

    b. Plants have parts such as roots, leaves, and petals.

    c. Bees and butterflies like flowers.

6. What are leaflets? ____

7. What do leaves need to make food for the plant? _______________________

____

8. How do the petals of a flower help the plant? _________________________

____

____

DATO: Benjamín Franklin creó la primera biblioteca en ofrecer préstamos.

Elige dos libros de ficción: pueden ser títulos que tú mismo elijas, o pueden ser libros de la lista *Lectura de verano para todos* que comienza en la página viii de este libro. En una hoja aparte, escribe varios párrafos explicando en qué se parecen y en qué se diferencian los dos personajes principales de los dos libros. Utiliza detalles de los libros para respaldar tus puntos. Planifica tu redacción a continuación.

____

____

____

____

Las fracciones que tienen un denominador de 10 también pueden escribirse como decimales. Escribe cada fracción y/o decimal.

EJEMPLO:

$\dfrac{6}{10}$ o 0.6

1. _____ o _____

2. _____ o _____

3. _____ o _____

4. _____ o _____

5. _____ o _____

6. $\dfrac{2}{10}$ o _____________

7. $1\dfrac{1}{10}$ o _____________

8. $6\dfrac{4}{10}$ o _____________

9. 8.5 o _____________

10. .9 o _____________

11. 10.6 o _____________

ACONDICIONAMIENTO FÍSICO:
Haz 10 encogimientos de hombros.

* Ve la página ii.

DÍA 12

Elige cuatro *frases idiomáticas* (idioms) y haz un dibujo para cada una de ellas.

- Could you lend a hand?
- The boys were shooting the breeze.
- She has a bee in her bonnet.
- She slept like a log.
- I got it straight from the horse's mouth.
- You won the game by the skin of your teeth.

- Time flies.
- Keep a stiff upper lip.
- She's a ball of fire.
- I'd really like to catch her eye.
- I was dog tired.

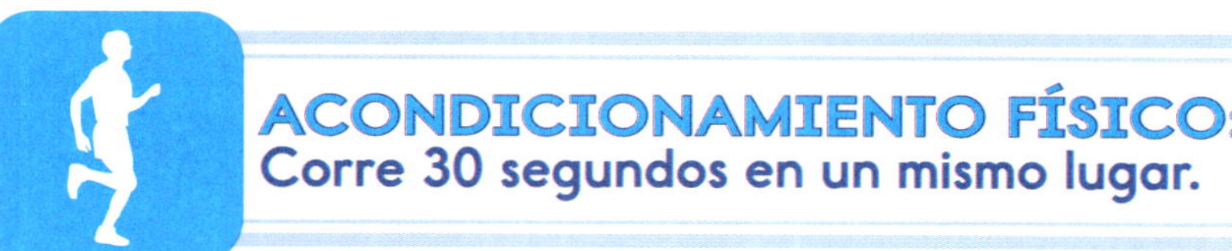

* Ve la página ii.

Lee cada oración. A continuación, encierra en un círculo la letra de la oración en la cual la palabra subrayada se utilice de la misma manera que en la primera oración.

1. Connor dropped a full <u>pitcher</u> of iced tea on the patio.
   A. Erin's best friend is the <u>pitcher</u> for the Wyattville Eagles.
   B. Jordan put the bouquet of tulips in the white ceramic <u>pitcher</u>.

2. Does Dad want <u>ground</u> coffee or whole-bean coffee?
   A. Julio cooked some <u>ground</u> turkey to put in the spaghetti sauce.
   B. The <u>ground</u> was wet for two days after the big storm on Tuesday.

3. Try not to <u>pound</u> too hard on the table.
   A. The recipe calls for one whole <u>pound</u> of butter!
   B. If you <u>pound</u> on the door, I'm sure I'll hear you.

4. The <u>rest</u> of the students will arrive in about an hour.
   A. Who ate the <u>rest</u> of the olives?
   B. "I want you to <u>rest</u> for half an hour before you go swimming," said Mom.

5. Emma and Miguel got <u>engaged</u> last night!
   A. The audience was <u>engaged</u> the moment Dr. Floss started performing the science experiments.
   B. Mom and Dad were <u>engaged</u> for two years before they got married.

Escribe las medidas equivalentes.

6. 500 mm = _______ cm

7. 8 kg = _______ g

8. 6 L = _______ mL

9. 12,000 mL = _______ L

10. 8 m = _______ mm

11. 12 km = _______ m

12. 5 g = _______ mg

13. 17,000,000 mg = _______ kg

14. 4,000 L = _______ kL

15. 12 km = _______ m

16. 1 m = _______ cm

17. 1,000 m = _______ km

DÍA 13

Lee el pasaje. A continuación, responde las preguntas.

Climate

The climate describes the weather in an area over a long period of time. If you live somewhere where it rains a lot, then you live in a rainy climate. If your town is very hot and dry, then you may live in a desert climate. Some cities, such as San Diego, California, have a very mild climate. Others, such as New Orleans, Louisiana, have warm, heavy air, so it is humid most of the time. Although the weather in a place may change from day to day, a region's climate seldom changes. Factors other than weather can also affect the climate. Areas that are close to the sea tend to be cooler and wetter. They may also be cloudy because clouds form when warm inland air meets the cooler air from the sea. Mountains may also affect climate. Because the temperature at the top of a mountain is cooler than at ground level, it may snow year-round. Regions near Earth's equator, or middle, are warmer than those at the poles. Sunlight must travel farther to get to the north and south poles, so these areas are much colder.

18. What is the main idea of this passage?

    a. Climate is the weather in a place over a long period of time.

    b. The north and south poles are very cold.

    c. Some climates are rainy, and some are very hot.

19. How are the climates in San Diego and New Orleans different? _______________

    ____

20. What is the difference between weather and climate? _______________

    ____

21. How are climates near the equator different from those at the poles? __________

    ____

DATO: Reciclar una tonelada de papel salva 24 árboles aproximadamente.

En la línea, escribe la forma correcta en tiem*po presente* (present-tense) del verbo que está entre paréntesis.

1. Bob _______________ to the market to buy some lemonade for the party. (run)

2. Troy easily _______________ the ball. (catch)

3. He _______________ to the new school down the street. (go)

En la línea, escribe la forma correcta en *tiempo pasado* (past-tense) del verbo que está entre paréntesis.

4. Julio _______________ into the water from the diving board. (dive)

5. Angelo _______________ his stepmother this week. (visit)

6. Ebony _______________ to the movies yesterday with Drew and Lexi. (go)

En la línea, escribe la forma correcta en *tiempo futuro* (future-tense) del verbo que está entre paréntesis.

7. Chiara _______________ her new book this evening. (read)

8. Lauren _______________ me her bracelet when she returns. (show)

9. Davion _______________ both dogs this afternoon. (wash)

Escribe tu cuento popular favorito. Cuenta cómo empieza, qué pasa en el medio y cómo termina. Escríbelo con tus propias palabras y en el orden correcto.

____

____

____

____

____

____

Lee el pasaje. A continuación, responde las preguntas.

Biofuels

Gasoline is used in cars, and oil is used to heat many homes. Biofuels have similar uses, but they are made from things like vegetable oil, which can be recycled and used again. Diesel is a type of fuel similar to heating oil. Diesel fuel is used in some cars and trucks. Biodiesel, most of which is made from soybean oil, burns more cleanly than diesel. It can be used in diesel engines without having to add any special parts. Biodiesel produces less pollution, so it is better for the environment. Gasoline is known as a fossil fuel, which means it comes from layers deep inside the earth that are made up of plants and animals that lived millions of years ago. Biofuel comes from plants we grow today, so it is a renewable resource. Some biofuels are created from restaurants' leftover oil that was used to cook french fries or fried chicken. Instead of throwing the oil away, some people are using it to run their cars!

10. What is the main idea of this passage?

    a. Biofuels are better for the environment than fossil fuels.

    b. Gasoline and diesel are used to run cars.

    c. Some people throw away the oil they have used for cooking.

11. What are biofuels? ____

____

12. Give two details from the passage that the author uses to support the main idea.

____

____

* Ve la página ii.

Traza los puntos dados en la cuadrícula (grid). Etiqueta cada punto.

A (2, 8)

B (3, 5)

C (7, 1)

D (4, 8)

E (5, 5)

F (1, 9)

G (9, 10)

H (6, 6)

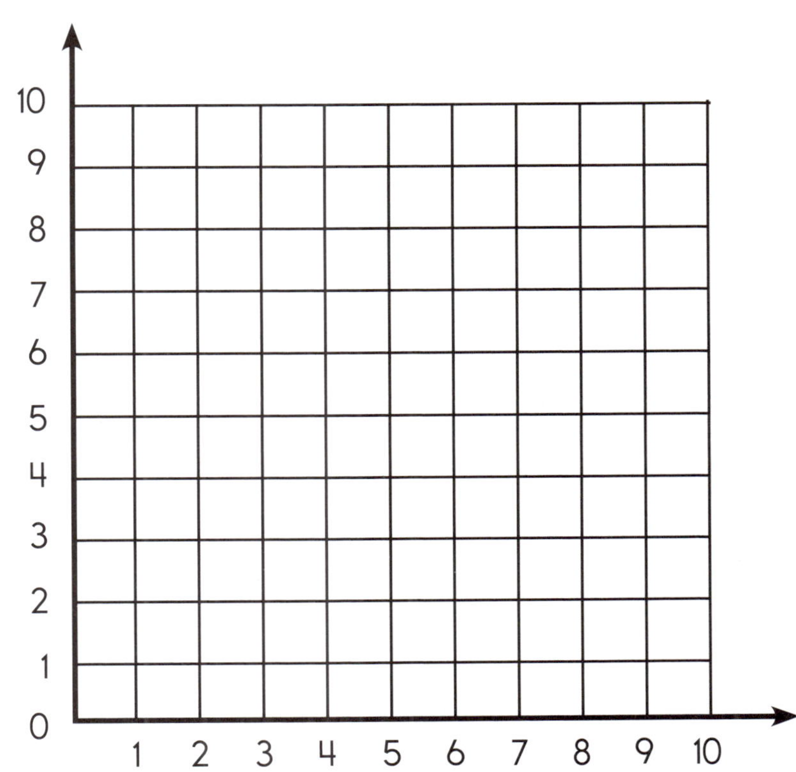

Lee cada oración. Escribe *S* en la línea si contiene un *símil* (simile), *M* si contiene una *metáfora* (metaphor) y *P* si contiene una *personificación* (personification).

1. ________ The girls were pieces of popcorn bouncing on the trampoline.

2. ________ Josiah was as still as a statue while Miss Denise cut his hair.

3. ________ The thunderstorm was a freight train rumbling through the night.

4. ________ The birds' tracks looked like scribbles in the snow.

5. ________ The friendly face of the moon winked at me through the trees.

6. ________ The blazing sun cooked the dry, brown earth.

7. ________ The raindrops playfully tickled the back of my neck.

DÍA 15

Lee el pasaje. A continuación, responde las preguntas.

Citizens' Rights and Responsibilities

In Canada and the United States, citizens have certain rights. These rights are often a part of the country's laws. American and Canadian citizens who are age 18 and over are given the right to vote. Citizens of the United States and Canada also have the right to a fair trial and the right to speak freely about what they believe. They can practice any religion they want to, and they have the right to gather peacefully to exchange ideas. They have the right to ask their government to change laws that they think are wrong. With these rights come responsibilities, too. People should obey the laws of their country. They should respect the opinions of others, even if they disagree with them. They should help others in their community and try to protect their environment. It is important to remember that all citizens are a part of a large community and that everyone deserves to be treated fairly.

8. What is the main idea of this passage?

    a. All citizens of a country have rights and responsibilities.

    b. Citizens have the right to vote.

    c. Everyone should be treated fairly in a community.

9. What are three responsibilities citizens have? _______________________

____

10. At least how old must citizens be to vote in Canada and the United States?

____

11. What are three rights that citizens have in Canada and the United States?

____

____

DATO: El ojo de un avestruz es más grande que su cerebro.

Multiplica las cantidades de dólares como números enteros. Luego inserta el punto decimal dos números a la derecha para mostrar los centavos. Multiplica para encontrar cada producto.

EJEMPLO:

$$\begin{array}{r} \$0.24 \\ \times\quad 89 \\ \hline 216 \\ 1920 \\ \hline 2136 \end{array}$$

$24 \times 9 = 216$
$24 \times 80 = 1920$
$1920 + 216 = 2136$
Coloca el decimal y el signo de dólares: **$21.36**

1. $\begin{array}{r} \$0.65 \\ \times\quad 24 \\ \hline \end{array}$

2. $\begin{array}{r} \$0.52 \\ \times\quad 36 \\ \hline \end{array}$

3. $\begin{array}{r} \$0.94 \\ \times\quad 13 \\ \hline \end{array}$

4. $\begin{array}{r} \$0.45 \\ \times\quad 25 \\ \hline \end{array}$

5. $\begin{array}{r} \$0.81 \\ \times\quad 34 \\ \hline \end{array}$

6. $\begin{array}{r} \$0.59 \\ \times\quad 54 \\ \hline \end{array}$

7. $\begin{array}{r} \$3.52 \\ \times\quad 34 \\ \hline \end{array}$

8. $\begin{array}{r} \$3.45 \\ \times\quad 56 \\ \hline \end{array}$

Subraya la persona a la que se dirige cada oración.

9.   "Walter, you must clean your room today."

10. "I've been waiting for your call, Gerald, since you left two hours ago."

11. "Eli and Tanesha went to the park, Alejandro."

12. "I'm going to watch the movie, Ian."

13. "My room is clean and my homework is done, Dad."

14. "This artwork is exceptional, Betsy."

15. "Since you have been so helpful, Donna, you can call a friend."

16. "Tara, your story is very interesting."

DÍA 16

Para hallar el volumen de un *sólido rectangular* (rectangular solid), multiplica la longitud, la amplitud y la altura del sólido. Encuentra el volumen de cada figura.

17. 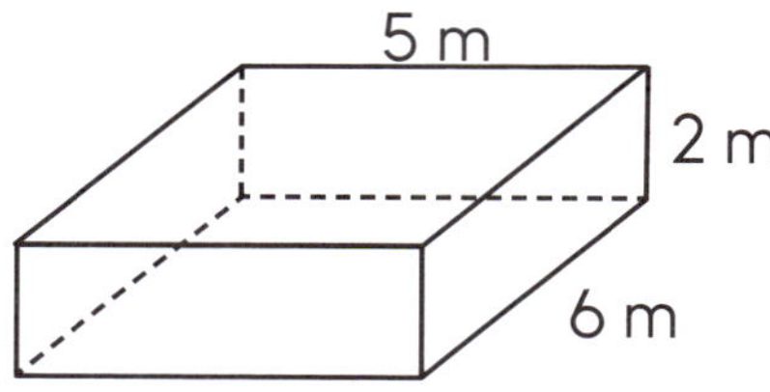

V = _______________

18. 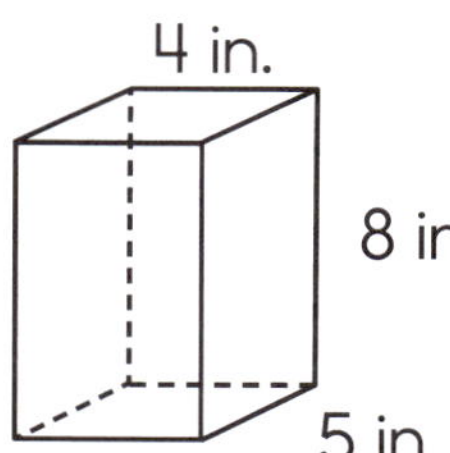

V = _______________

19. 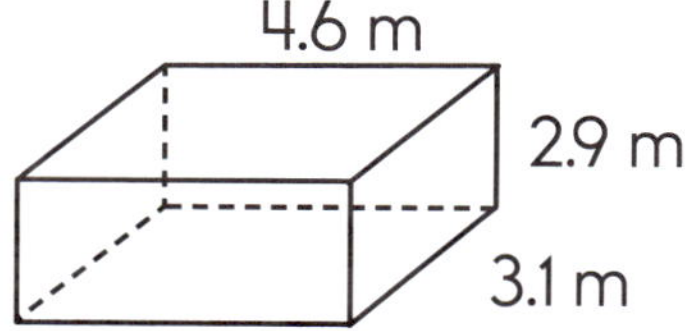

V = _______________

20. 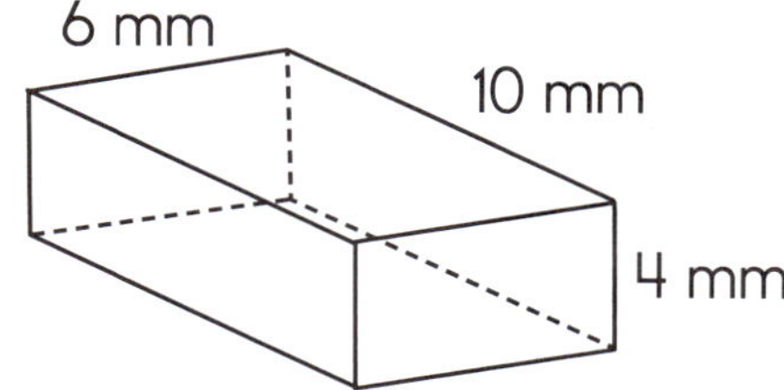

V = _______________

21. 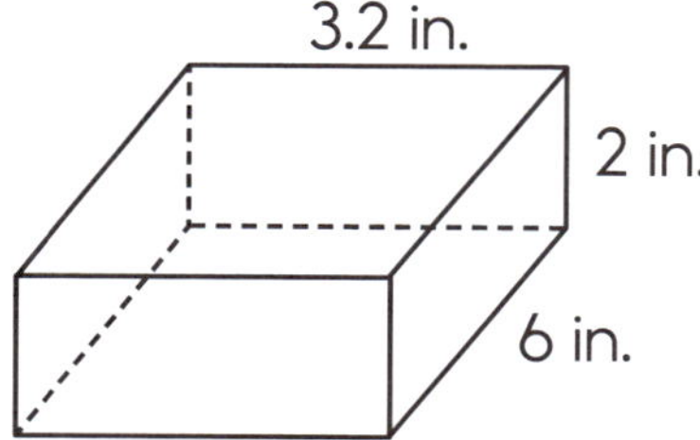

V = _______________

22. 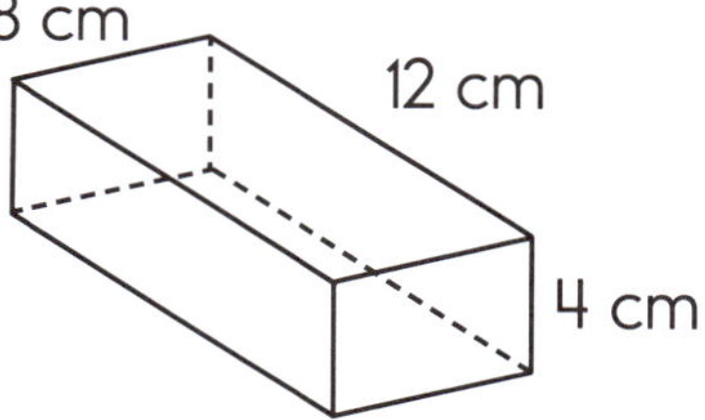

V = _______________

PRUEBA DE CARÁCTER: Piensa en tres cosas que te gusten de ti. Escribe estas características en una hoja y colócala donde la veas a menudo.

Almuerzo de lealtad

La *lealtad* (loyalty) significa apoyar y defender a las personas que quieres. Piensa en las características que hacen que una persona sea leal. A continuación, diseña un menú para un almuerzo de lealtad para compartir con un amigo o familiar. Piensa en un nombre especial que utilice una característica de la lealtad para cada alimento, como Tomates Cortados en Cubos Confiables, o Aceitunas Honestas. Reúne algunos ingredientes para el almuerzo. Utiliza fichas dobladas para hacer tarjetas y etiquetas que indiquen qué es cada alimento. Mientras comen, habla con tu compañero de comedor sobre por qué aprecias su amistad leal.

Multiplica las fracciones para resolver cada problema. Escribe las respuestas de la forma más sencilla.

1. Isabel envió 8 paquetes a la oficina de correos. Cada paquete pesaba $\frac{3}{4}$ de libra. ¿Cuál es el peso total de los 8 paquetes?

   __________ libras.

2. Una sola ración de cazuela de atún requiere $\frac{1}{8}$ de taza de pan rallado. ¿Cuántas tazas de pan rallado se necesitan para 12 raciones?

   __________ tazas.

3. Carlos apiló 11 ladrillos. Si cada ladrillo tiene $\frac{2}{5}$ de pie de altura, ¿cuál es la altura de la pila?

   __________ pies.

4. La escuela de Clark está a $\frac{7}{8}$ de milla de su casa. Si Clark recorrió $\frac{3}{4}$ del camino a la escuela, ¿cuánto caminó?

   __________ de milla.

DÍA 17

Piensa en alguien que sea valiente. Puede ser una persona que conozcas, alguien famoso o un personaje de la historia. Escribe un párrafo en inglés para describir a esa persona y explicar cómo demuestra su valentía.

____

____

____

____

____

____

---

1 pinta (pt.) equivale a 2 tazas.	1 galón (gal.) equivale a 4 cuartos de galón.
1 cuarto de galón (qt.) equivale a 2 pintas.	1 libra (lb.) equivale a 16 onzas

Encierra en un círculo la mejor respuesta.

5.	La capacidad de un vaso	2 tazas	2 pt.	2 qt.	2 gal.
6.	La capacidad de una bañera	60 tazas	60 pt.	60 qt.	60 gal.
7.	La capacidad de un lavadero	2 tazas	2 pt.	2 qt.	2 gal.

Convierte cada medida.

8. 5 pt. = _________ cups   9. 4 pt. = _________ qt.   10. 2 qt. = _________ pt.

11. 32 oz. = _________ lb.   12. 3 gal. = _________ qt.   13. 8 tazas = _________ pt.

* Ve la página ii.

COLOCA UNA ESTRELLA AQUÍ

Escribe cada número decimal de la forma habitual.

1. $(5 \times 10{,}000) + (5 \times 1{,}000) + (3 \times 100) + (6 \times 10) + (4 \times 1) + (9 \times \frac{1}{10})$ _______________

2. $(4 \times 100) + (7 \times 10) + (6 \times 1) + (8 \times \frac{1}{10}) + (2 \times \frac{1}{100})$ _______________

3. $(2 \times 100{,}000) + (8 \times 1{,}000) + (3 \times 10) + (6 \times 1) + (4 \times \frac{1}{10}) + (8 \times \frac{1}{1{,}000})$ _______________

4. $(2 \times 1{,}000) + (1 \times 100) + (1 \times 1) + (5 \times \frac{1}{10}) + (3 \times \frac{1}{100}) + (6 \times \frac{1}{1{,}000})$ _______________

5. $(4 \times 100{,}000) + (2 \times 100) + (5 \times 10) + (8 \times \frac{1}{100}) + (6 \times \frac{1}{1{,}000})$ _______________

6. $(3 \times 10{,}000{,}000) + (7 \times 1{,}000{,}000) + (2 \times 100) + (5 \times 1) + (1 \times \frac{1}{10}) + (1 \times \frac{1}{100}) +$

   $(1 \times \frac{1}{1{,}000})$ _______________

Escribe cada número de forma expandida.

7. 126,552.254 _______________

8. 7,520,634.48 _______________

Un *evento* (event) puede hacer que ocurra otro evento. Una palabra clave puede ayudarte a averiguar cuál es la causa y cuál es el efecto. En cada oración, subraya la causa con una línea recta (_______) y subraya el efecto con una línea discontinua (_ _ _ _). Dibuja un recuadro alrededor de cada palabra clave.

EJEMPLO: The flowers were very bright, so they attracted a lot of butterflies.

9. The book was ripped because the dog chewed it.

10. Because it was so cold, Betty could ice-skate for only a short while.

11. I went to bed early last night because I was so tired.

12. Because it was raining hard, we couldn't play outside.

13. The rabbit ran away quickly because it saw a cat.

14. It was very foggy outside, so we could not see the mountains.

15. Because we got to the camp too late, there was no time for hiking.

DÍA 18

Lee el pasaje. A continuación, responde las preguntas.

The Economy

You may have heard your family or a newscaster discuss the economy. The economy is a system in which goods and services are exchanged for money. Goods are items that are produced, such as books and clothing. Services are activities that people do for each other. For example, a teacher provides the service of educating students, and a police officer provides the service of keeping the community safe. Sometimes people provide a service that produces a good, such as a chef who prepares a meal. People pay money for goods and services. When you pay a producer of goods, she can use the money to purchase the materials to make more goods. When you pay a service provider, he can use the money to pay for more training so that he can do his job even better. Providers also use the money to pay for basic items such as food and shelter. When newscasters report that the economy is strong, it means that most people are happy with the amount of money, goods, and services they have.

16. What is the main idea of this passage?

    a.   Newscasters often talk about the economy.

    b.   Sometimes the economy is strong, and other times it is weak.

    c.   The economy is a system in which goods and services are exchanged for money.

17. What are goods? ____

18. List two examples of goods. ______________________________________

19. What are services?____

20. List two examples of service providers. ____________________________

____

DATO: Los camellos tienen tres pares de párpados para proteger sus ojos de la arena.

Completa el gráfico con la información de la tabla.

Día	Temperatura más alta (°F)
Lunes	87°
Martes	90°
Miércoles	74°
Jueves	78°
Viernes	80°

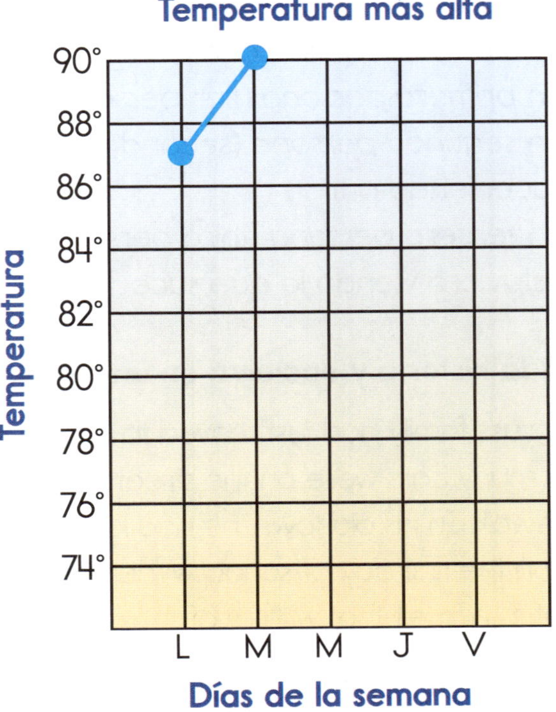

¡Ponte las zapatillas de baile!

Para aumentar tu resistencia, tienes que esforzarte para que tu corazón lata más rápido y respires más fuerte. Bailar puede ser una de las formas más divertidas de aumentar tu resistencia, ¡y puede que no te parezca un ejercicio! Busca una zona amplia donde puedas moverte al ritmo de tus canciones favoritas. Empieza bailando continuamente durante 10 minutos varias veces por semana. No necesitas ningún entrenamiento de baile; simplemente muévete al ritmo de la música. Aumenta gradualmente la duración de cada tiempo de baile para lograr un entrenamiento aeróbico aún mejor. Bailar no solo es bueno para la resistencia, sino que también puede mejorar el estado de ánimo, disminuir la ansiedad, mejorar el sueño, aliviar el estrés y aumentar la autoestima.

* Ve la página ii.

El *punto de vista* (point of view) se refiere a la persona que cuenta la historia o que «habla».

Una historia puede ser contada desde tres puntos de vista diferentes:

- En *primera persona* (first person): el personaje principal cuenta la historia.
- En *segunda persona* (second person): la historia es contada como si te estuviera sucediendo a ti.
- En *tercera persona* (third person): un narrador cuenta la historia como si estuviera viendo lo que sucede.

Lee cada historia y encierra en un círculo el punto de vista.

1. Marcus's family had just moved to a large city from a very small town. He was surprised at how many cars were on the street and how few people said hello when he met them on the sidewalk. In his old town, he had known everyone. He hoped that he would make a new friend on the first day of school. When he saw the crowded hallways, he felt worried. Then, he thought to himself that with all of those people around, he was sure to make a lot of friends.

Primera persona   **Segunda persona**   **Tercera persona**

2. When my family moved to the big city, I was excited about all of the new activities we could try. I never thought how crowded it might be. Back home, my neighbors were friendly. It seemed like I knew everyone in the whole town. I wanted to make new friends in the city, but when I got to school, the hallways were so packed that I could hardly get to my classroom. I took a deep breath and said to myself, "With all of these people around, I am sure to make new friends!"

Primera persona   **Segunda persona**   **Tercera persona**

3. You and your family have just moved to the city. You are surprised to see so many cars on the road. In your old town, you felt like you knew everyone. When you drive up to the school, your mother wishes you good luck. You walk into the building and start to look for your classroom. You think to yourself that with all of these people around, you are sure to make some new friends.

Primera persona   **Segunda persona**   **Tercera persona**

ACONDICIONAMIENTO FÍSICO:
Haz 10 saltos de tijera.

* Ve la página ii.

Encierra en un círculo una palabra *homófona* (homophone) de la sopa de letras para cada palabra del banco de palabras. Por ejemplo, si la palabra del banco de palabras es *ant* (hormiga), busca su homófona *aunt* (tía) en la sopa de letras. Las palabras pueden ir en sentido *horizontal* (across) y *vertical* (down).

allowed	nose	Greece	brews	hole
sighs	ate	threw	bored	
gene	serial	hare	seam	

DÍA 20

Lee el pasaje. A continuación, responde las preguntas.

City Services

Cities provide many services to the people who live there. The mayor and city council, who are elected by the citizens of a city, make the laws that everyone must follow. They also meet to discuss community issues, such as whether to build a new recreation center. Other city employees include police officers and firefighters. These people work to keep everyone in the city safe. Other city services include the library, where the public can check out books, and companies that provide water and electricity. Some cities have special programs for the people who live there, such as reading clubs at the library or computer classes for senior citizens. It takes many services to make a city work. Some people like to give back to their communities by doing volunteer work. They might teach swimming lessons or offer to pick up litter in the parks. When everyone in a city works together, it can be a great place to live.

1. What is the main idea of this passage?

    a. People living in a city receive many services.

    b. Some people like to give back to their communities.

    c. A library is a place where people can check out books.

2. Who elects the mayor and the city council? _______________________________

    ____

3. What do the mayor and city council members do? _______________________

    ____

4. Name three employees who work for the city. ___________________________

    ____

PRUEBA DE CARÁCTER: Piensa en algo que te moleste. ¿Cómo podrías mostrar tolerancia hacia ello?

Los climas globales

El clima es el *patrón meteorológico* (pattern of weather) que se da en una zona determinada durante un largo periodo de tiempo. En este experimento, verás por qué ciertas zonas de la Tierra tienen climas y temperaturas diferentes.

Materiales:

- lámpara de brazo articulable
- 2 termómetros
- regla
- globo terráqueo
- cinta adhesiva
- temporizador o reloj

Procedimiento:

1. Coloca la lámpara a alrededor de 1 pie (30 cm) del globo terráqueo. Dado que la Tierra está inclinada sobre su eje (23.5°), coloca el globo terráqueo de forma que el hemisferio norte esté inclinado en dirección contraria a la lámpara. En esta posición, el hemisferio norte está experimentando el invierno.

2. En el lado del globo terráqueo más cercano a la lámpara, utiliza dos pequeños trozos de cinta adhesiva para fijar un termómetro sobre el ecuador y el otro termómetro cerca del polo norte.

3. Anota la temperatura inicial en cada lugar en la tabla siguiente.

4. Enciende la lámpara. Vuelve a registrar las temperaturas al cabo de cinco minutos.

Lectura	Polo norte	Ecuador
Temperatura inicial (°F)		
Temperatura después de cinco minutos (°F)		

Conclusiones:

Responde las preguntas en una hoja aparte.

1. ¿Existe una diferencia entre la temperatura inicial y la final? ¿Por qué?

2. ¿Cuál fue la diferencia de temperatura final entre el polo norte y el ecuador? Da una explicación de tus resultados.

3. ¿Qué pasaría si colocaras el globo terráqueo de forma que el hemisferio norte estuviera inclinado hacia la lámpara? Predice cómo podría ser diferente la temperatura en el polo norte. A continuación, realiza un experimento para comprobar tu predicción.

4. ¿Cómo explica esto el proceso que causa los diferentes climas en la Tierra?

EXTRA

Eclipses solares y lunares

Un eclipse puede ocurrir cuando la luz del Sol es bloqueada por la Luna o la Tierra. Durante un eclipse se pueden observar dos tipos de sombras: la umbra y la penumbra. La umbra es la parte más oscura de una sombra. Si te encuentras en la umbra, la fuente de luz está completamente bloqueada por el objeto que causa la sombra. Esto es diferente de la penumbra, en la que la fuente de luz está solo parcialmente bloqueada, y solo hay una sombra parcial.

Procedimiento:

1. Utiliza una regla para dibujar dos líneas rectas desde el punto **A** del Sol a través de los puntos **C** y **D** de la Luna. Detén las líneas cuando choquen con el borde de la Tierra.

2. Dibuja otras dos líneas rectas desde el punto **B** del Sol hasta los puntos **C** y **D** de la Luna. Detén las líneas cuando choquen con el borde de la Tierra.

3. Utiliza un lápiz de color para sombrear la **umbra**. Con otro color, sombrea la **penumbra**. Indica los colores que utilizaste en la guía.

Conclusiones:
Responde las preguntas en una hoja aparte.

1. Nombra el tipo de eclipse que aparece en el diagrama.

2. Durante qué fase de la Luna se produciría este tipo de eclipse?

3. Si observaras este eclipse desde la Tierra, ¿en qué parte de la sombra tendrías que estar para observar un eclipse total?

4. Con un adulto, busca en Internet cuándo puedes ver este tipo de eclipse.

Chile

Utiliza el gráfico para responder las preguntas.

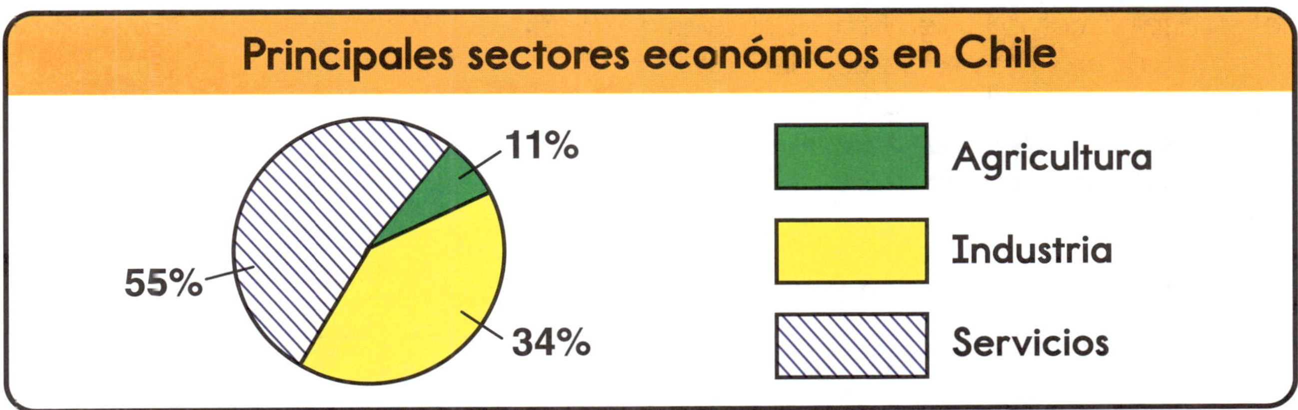

1. El total de los sectores agrícola e industrial es igual a __________.

   a. 39%

   b. 11%

   c. 34%

   d. 45%

2. Más de la mitad de la economía se basa en el sector de__________.

   a. la agricultura

   b. la industria

   c. los servicios

   d. la minería

3. El sector de los servicios produce __________ veces más que el de la agricultura.

   a. dos

   b. cuatro

   c. cinco

   d. diez

4. El sector más pequeño de la economía es el sector de __________ .

   a. la agricultura

   b. la industria

   c. los servicios

   d. la minería

Deforestación

La *deforestación* (deforestation) es la tala, quema y destrucción de los bosques. En Brasil, esto se refiere a la selva tropical llamada *Amazonas* (Amazon). Los bosques se talan con fines agrícolas, como la siembra de cultivos o el pastoreo de ganado, así como para la venta de madera. Los problemas derivados de la deforestación incluyen un aumento del calentamiento global y la extinción de muchas especies de plantas y animales. El gobierno de Brasil ha utilizado varios programas para preservar los bosques tropicales que quedan, pero muchas personas siguen preocupadas por la continua destrucción de la selva amazónica.

Utiliza el gráfico para responder las preguntas.

Tasa de deforestación en Brasil	
Años	**Kilómetros cuadrados**
2005–2006	14,285
2006–2007	11,651
2007–2008	12,911
2008–2009	7,464
2009–2010	7,000
2010–2011	6,418
2011–2012	4,571
2012–2013	5,891

1. La menor cantidad de deforestación tuvo lugar entre __________.

    a. 2005–2006   b. 2010–2011   c. 2008–2009   d. 2011–2012

2. Entre 2008 y 2009 se produjo más deforestación que entre __________.

    a. 2007–2008   b. 2009–2010   c. 2006–2007   d. 2005-2006

3. ¿Cuál fue la disminución en kilómetros cuadrados de deforestación entre 2010 y 2012?

    a. 10,989   b. 1,847   c. 1,320   d. 2,634

Línea de tiempo de América del Sur

Utiliza la línea de tiempo para responder las preguntas.

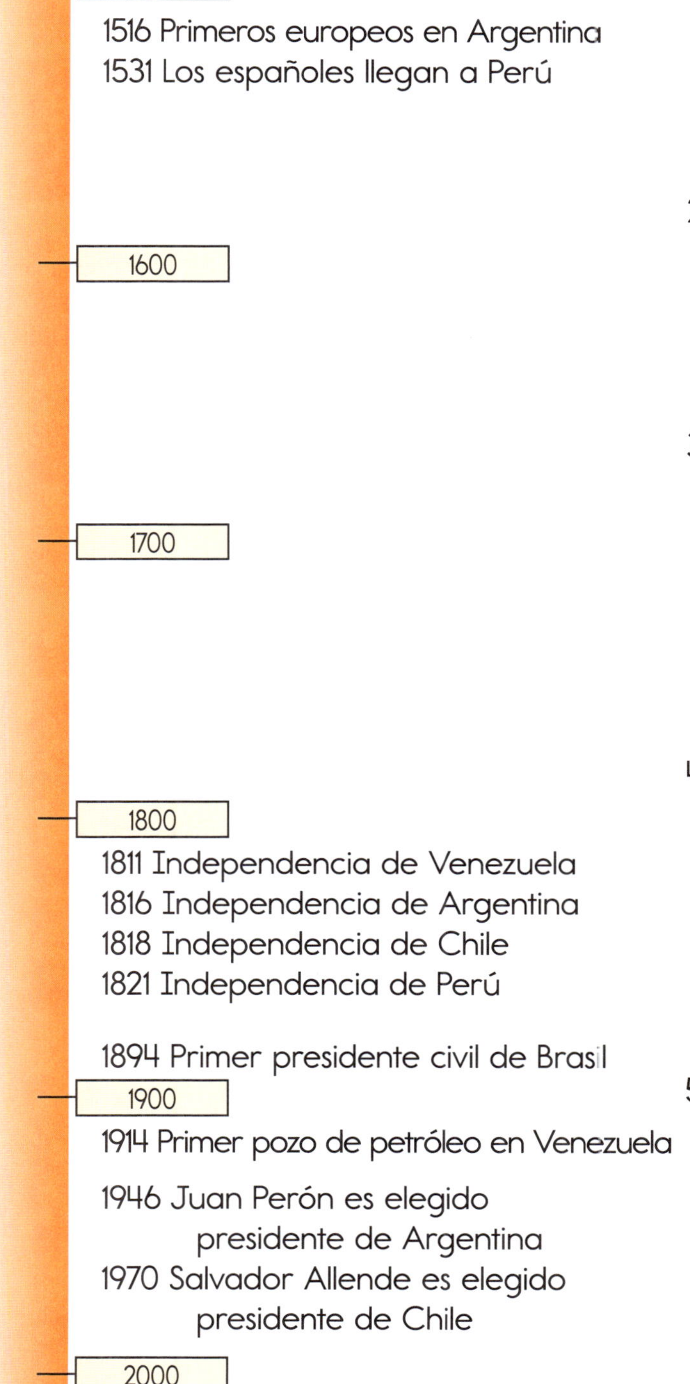

1. ¿En qué año logró Venezuela su independencia?

   a. 1818   b. 1811

   c. 1816   d. 1821

2. Esta línea de tiempo abarca __________ años.

   a. 200   b. 300

   c. 400   d. 500

3. El tiempo desde que los españoles llegaron al Perú hasta la fecha de la independencia del Perú fue de _______ años.

   a. 90   b. 190

   c. 290   d. 310

4. Salvador Allende fue elegido presidente de Chile __________ años después de que Juan Perón fuera elegido presidente de Argentina.

   a. 36   b. 46

   c. 34   d. 24

5. El primer europeo llegó a Argentina __________ años antes de que este país lograra su independencia.

   a. 200   b. 300

   c. 316   d. 216

EXTRA

¡Vamos afuera!

Invita a un amigo o a un miembro de la familia a acompañarte para hacer un picnic.
Lleva alimentos que deban dividirse en pedazos o secciones, como naranjas, sándwiches
y pizza. Cuando lleguen al lugar donde van a comer, explica que se trata de un picnic
de porcentajes. Mientras compartes cada alimento, recorta las porciones y señala los
porcentajes de los alimentos que estás comiendo. Por ejemplo, puede que le des a tu amigo
el 25 por ciento de una naranja, pero que él solo se coma el 50 por ciento de la porción.

Durante el verano, la naturaleza ofrece una maravillosa inspiración para el arte. Busca y
captura una imagen o escena al aire libre que te parezca extraordinaria. Por ejemplo,
puede que la combinación de colores en el momento previo a la puesta de sol te
resulte inspiradora. Utiliza diversos materiales artísticos, como papel rasgado, muestras
de tela, pedazos de papel pintado, pegamento, rotuladores y cartulina, para diseñar una
obra de arte tridimensional que muestre las cualidades de la escena.

Las características de muchas plantas y animales son hereditarias. Sin embargo, las
características de algunas plantas y animales cambian como consecuencia de su entorno.
Estos cambios se llaman *adaptaciones* (adaptations). Con un adulto, entra a Internet o
visita la biblioteca para aprender más sobre las plantas y los animales que viven cerca de
ti. A continuación, da un paseo por la naturaleza. Busca las plantas y los animales sobre los
que leíste, como aves, insectos y flores, y obsérvalos. Mientras haces esto, piensa en cómo
se ha adaptado cada planta o animal para sobrevivir en su entorno.

Escribe una carta a un amigo o pariente, compartiendo lo que has aprendido sobre las
plantas y animales locales y sus adaptaciones. Si tu amigo o pariente vive fuera de la
ciudad, pídele que te hable de las plantas o animales del lugar donde vive.

* Ve la página ii.

Sección I

Día 1/Página 3: 1. 8; 2. 6; 3. 12; 4. 11; 5. 5; 6. 10; 7. 30; 8. 5; 9. 18; 10. 8; 11. 18; 12. 9; 13. 3; 14. 9; 15. 13; 16. 6; 17. 7; 18. 8; 19. 7; 20. 24; 21. 0; 22. yes; 23. yes; 24. yes; 25. no; 26. no; 27. yes; 28. yes; 29. yes; 30. no; 31. no; 32. no; 33. no; 34. enemy; 35. time; 36. overlook; 37. sky

Día 2/Página 5: 1. "I love going to the natural history museum!" exclaimed Ananya.; 2. "I usually go see the animals first," replied Noah, "and then I go to the planetarium."; 3. "Have you seen the dinosaur fossils?" asked Eliza.; 4. She added, "The dioramas of prehistoric life are really cool."; 5. "That's my favorite part," said Antonio.; 6. "Did you know that I'm one-quarter Native American?" asked Dylan.; 7. "That's why I like the display of Native American artifacts," he said.; 8. "Let's start out with the western life display," suggested Mira, "and then head over to the planetarium."; 9. 1 × 16, 2 × 8, 4 × 4; 10. 1 × 15, 3 × 5; 11. 1 × 36, 2 × 18, 3 × 12, 4 × 9, 6 × 6; 12. 1 × 42, 2 × 21, 3 × 14, 6 × 7; 13. 1 × 24, 2 × 12, 3 × 8, 4 × 6; 14. 1 × 99, 3 × 33, 9 × 11; 15. 500 years; 16. 274 feet (83 m); 17. The weather turned colder and people trampled the ground near the trees' roots.; 18. warmth and water; 19. The author supports the statement that not many sequoias are alive today by explaining that they need warmer air to live and that their roots have a hard time absorbing water in hard ground.

Día 3/Página 7: 1. 90 – 10 = 80; 2. 100 – 10 = 90; 3. 90 – 40 = 50; 4. 900 – 600 = 300; 5. 60 – 40 = 20; 6. 20 + 40 = 60; 7. 200 + 200 = 400; 8. 60 + 40 = 100; 9. who; 10. who; 11. that; 12. which; 13. which; 14. that; 15. whose; 16. that.; 17. Las respuestas variarán.; 18. Las respuestas variarán.; A. 3:00; B. 9:00; C. 3:30; 19. 3:50 P.M.; 20. 3:00 A.M.; 21. 8:35 A.M.; 22. 3:00 A.M.; 23. 5:05 A.M.; 24. 5 horas, 30 minutos; 25. Natalia missed the bus, so her stepdad drove her to school.; 26. The male cardinal landed on the feeder, and its mate joined it a moment later.; 27. Ian is going ice-skating on Saturday, and Abby is going to a birthday party.; 28. We planned to cook out tonight, but it looks like it's going to storm.; 29. Xander has a lot of homework, so we're not going to the movies.; 30. The deer crossed the road, and her two fawns followed.

Día 4/Página 9: Los patrones variarán.; Mr. Greg Jones, 1461 Condor St., Lake Tona, OH 98562; 1. b; 2. the study of stars, planets, and the universe; 3. to see stars and to measure their distance from Earth and their speed; 4. when certain objects will appear in the sky; 5. Las respuestas variarán. Posible respuesta: The firsthand account would be in first person point of view. It might tell fascinating real-life stories about being an astronomer. I would rather read the firsthand account because it would be more real and interesting.

Día 5/Página 11: Las respuestas variarán. Posibles respuestas: 1. I will be walking to school.; 2. I am reading a kids' nature magazine.; 3. I will be eating leftover lasagna.; 4. I was watching a movie called *Matilda*.; 5.–6. Las respuestas variarán.; 7. 309; 8. 8,846; 9. 296; 10. 322; 11. 3,991; 12. 132; 13. 362; 14. 826; 15. there; 16. their; 17. their; 18. there; 19. there; 20.–21. Las respuestas variarán.

Día 6/Página 13: 1. smallest; 2. loudest; 3. shortest; 4. fastest; 5. happiest; 6. biggest; 7.–11. Las respuestas variarán.; 12. four striped beach balls; 13. antique seagrass basket; 14. yellow ceramic mug; 15. rough gray rock; 16. six small red plastic trucks; 17. plump juicy tomato; 18. stray white dog; 19. 12, 11, Suma tres, resta uno.; 20. 29, 37, Aumenta el sumando en uno cada vez; 21. 42, 68, Suma dos números anteriores.

Día 7/Página 15: 1. $\frac{14}{10}$ o $1\frac{2}{5}$; 2. $\frac{8}{4}$ o 2; 3. $\frac{11}{11}$ o 1; 4. $\frac{24}{12}$ o 2; 5. $\frac{13}{11}$ o $1\frac{2}{11}$; 6. $\frac{15}{12}$ o $1\frac{1}{4}$; 7. $\frac{11}{8}$ o $1\frac{3}{8}$; 8. $\frac{15}{15}$ o 1; 9. $\frac{18}{16}$ o $1\frac{1}{8}$; 10. $\frac{9}{7}$ o $1\frac{2}{7}$; 11. $\frac{14}{9}$ o $1\frac{5}{9}$.

La escritura de los estudiantes variará.; 12. a.; 13. Las respuestas podrían incluir lizards, snakes, turtles, crocodiles and frogs, toads, salamanders.; 14. Organizing the passage as a comparison works well because reptiles and amphibians are similar but not exactly alike.

Día 8/Página 17:

Número de líneas con X: $\frac{1}{4}$ (5 X), $\frac{2}{4}$ (3 X), $\frac{3}{4}$ (2 X), $\frac{4}{4}$ (1 X).

El peso total de todas las papas es de 5 libras; La diferencia de peso es de $\frac{1}{2}$ libra.; 1. **had**, finished; 2. **have**, enjoyed; 3. **were**, cleaning; 4. **have been**, sleeping; Las respuestas variarán, pero podrían incluir: 5. was; 6. was; 7. am; 8. were; 9. pre; 10. dis; 11. re; 12. tri; 13. uni; 14. re; 15. un; 16. bi; 17. This metaphor means that your smile is cheerful.; 18. This metaphor means that winning the award was amazing.; 19. This metaphor means that the store is confusing to walk through.; 20. This metaphor means that the pillow was soft.

Día 9/Página 19: 1. 2 monedas de cinco centavos, 1 moneda de un centavo; 2. 1 moneda de diez centavos, 1 moneda de cinco centavos, 5 monedas de un centavo; 3. 1 moneda de veinticinco centavos, 1 moneda de diez centavos, 2 monedas de cinco centavos, 2 monedas de un centavo; 4. 1 moneda de veinticinco centavos, 2 monedas de cinco centavos, 1 moneda de diez centavos; 5. 3 monedas de cinco centavos, 2 monedas de un centavo; 6. 2 monedas de diez centavos, 4 monedas de cinco centavos; 7. why; 8. where; 9. why; 10. where; 11. when; 12. where; 13. when; 14. why; 15. Las respuestas variarán. Posible respuesta: *Pit, pat, patter, clatter* sounds like the noise the rain makes. Using onomatopoeia makes the poem come to life.; 16. Las respuestas variarán. Posible respuesta: smiling flower; 17. AABB; 18. Las respuestas variarán. Posible respuesta: The poet feels joyous and excited about the coming of spring. She uses exclamation points and words like *shining, bursting, smiling,* and *pride.*

Día 10/Página 21: 1. unicorn; 2. geology; 3. speedometer; 4. aquarium; 5. dentistry; 6. fracture; 7. 18; 8. 11; 9. 63; 10. 32; 11. 28; 12. 81; 13. 5; 14. 24; 15. 40; 16. 21; 17. 9; 18. 2; 19. 24; 20. 18; 21. 25; 22. 45; 23. 54; 24. 56; 25. 64; 26. 7; 27. 49; Los alumnos deben encerrar en un círculo los productos de los números

8., 13., 18., y 26. porque son primos.; Las respuestas y los dibujos variarán.; Las respuestas variarán. Posibles respuestas: 28. beside her brother; 29. in a pan; 30. to the top; 31. at Shea Stadium; 32. onto the floor; 33. at the grocery store; 34. in the air; 35. beneath a large branch

Día 11/Página 23: 1.–6. Las líneas paralelas deben ser dibujadas.; 7.–16. Las respuestas variarán.; 17. bridge; 18. country; 19. city; 20. person; 21. ocean; 22. landmark; 23. month; 24. person; 25. 2,740; 26. 114; 27. 11,109; 28. 5,034; 29. 70; 30. 131 R2; 31. 367 R4; 32. 1,274; 33. Kenya got a haircut. She really liked the way it looked.; 34. The rabbit hopped across the yard. It ran into the bushes.; 35. Molly helped Dad weed the garden. Then, they played in the sprinkler.

Día 12/Página 25: 1. 3,983; 2. 11,701; 3. 30,388; 4. 31,731; 5. 21,701; 6. 12,293; 7. 8,667; 8. 10,354; $45°$, $65°$, $110°$, $45° + 65° = 110°$; 9. >; 10. =; 11. <; 12. <; 13. >; 14. =; 15. >; 16. >; 17. <; 18. <; 19. >; 20. >; 21. <; 22. < Because they are smart "kids"; 23. punto; 24. flecha; 25. segmento de línea; 26. líneas paralelas; 27. línea; 28. líneas perpendiculares

Día 13/Página 27: Las historias variarán.; 1. 1, 0; 2. 2, 4; 3. 2, 0; 4. 0, 1; 5. a; 6. popular government, or government by the people; 7. People vote on every decision.; 8. People elect leaders who represent their viewpoints and vote on the issues.

Día 14/Página 29: 1. antonym; 2. mountain; 3. approximate; 4. renewable; 5. believe; 6. tutor; 7. $\frac{7}{8}$, Los estudiantes deben sombrear $\frac{7}{8}$.; 8. $\frac{5}{7}$, Los estudiantes deben sombrear $\frac{5}{7}$.; 9. $\frac{8}{10}$, Los estudiantes deben sombrear $\frac{8}{10}$.; 10. $\frac{4}{5}$, Los estudiantes deben sombrear $\frac{4}{5}$.; 11. 9 cm cuadrados; 12. 12 cm cuadrados; 13. $11\frac{1}{2}$ cm; 14. $8\frac{1}{2}$ cm; 15. $\frac{3}{4} + \frac{1}{4} + \frac{1}{4} = \frac{5}{4} = 1\frac{1}{4}$, $2 - 1\frac{1}{4} = \frac{3}{4}$ de hora; 16. $\frac{2}{3} + \frac{1}{3} + \frac{2}{3} = \frac{5}{3} = 1\frac{2}{3}$ millas; 17. $\frac{5}{8} + \frac{1}{8} + \frac{1}{8} + \frac{1}{8} = \frac{9}{8} = 1\frac{1}{8}$ libras; 18. $\frac{3}{16} + \frac{7}{16} = \frac{10}{16}$, $\frac{16}{16} - \frac{10}{16} = \frac{6}{16}$ (o $\frac{3}{8}$) queda de las nueces de la India.

Día 15/Página 31: 1. 1,782; 2. 3,777; 3. 1,786; 4. 5,408; 5. 1,089; 6. 4,593; 7. 33,802; 8. 53,668; 9. no; 10. sí; 11. sí; 12. no; 13. sí; 14. sí; 15. $3\frac{3}{4}$; 16. $1\frac{1}{8}$; 17. $4\frac{4}{5}$; 18. 4; 19. $3\frac{1}{9}$; 20. $1\frac{1}{2}$; 21. $1\frac{1}{7}$; 22. $1\frac{1}{7}$; 23. $3\frac{2}{11}$; Las respuestas variarán, pero las respuestas de los alumnos deben incluir el diálogo.

Día 16/Página 33: 1. went; 2. are; 3. hid; 4. rode; 5. digging; 6. $\frac{25}{100}$; 7. $\frac{55}{100}$; 8. $\frac{92}{100}$; 9. $\frac{50}{100}$; 10. $\frac{93}{100}$; 11. $\frac{95}{100}$; 12. $\frac{37}{100}$; 13. $\frac{85}{100}$; 14. $\frac{74}{100}$; 15. $\frac{44}{100}$; 16. $\frac{72}{100}$; 17. $\frac{36}{100}$; 18. 3,786; 19. 10,725; 20. 2,976; 21. 29,291; 22. 92,685; 23. 15,255; 24. 22,316; 25. 15,011; 26. >; 27. <; 28. <; 29. >; 30. =; 31. >; 32. >; 33. <; 34. <; 35. =; 36. >; 37. <

Día 17/Página 35: 1.–6. Las respuestas variarán.; 7. aboard, about, above, affect, afford; 8. after, aggravate, agree, aid, ailment; 9. how spiders were created; 10. Arachne and Athena are both talented weavers. Arachne is boastful. Athena is powerful, because she is a goddess.; 11. to say something in a mocking or scornful way; 12. Las respuestas variarán.

Día 18/Página 37: 1. 13 cm; 2. 36 yd.; 3. 10 cups; 4. 12 km; 5. 25 kg; 6. 2 tons; 7. 14 L; 8. 5 mi.; 9. 14 gal.; 10. 10 m; 11. 25 lbs.; 12. 800 cm; 13.–20. Las respuestas variarán.; Las historias variarán.

Día 19/Página 39: 1. to stay healthy; 2. your body type and how quickly it burns calories, how active you are, and your age; 3.–4. Las respuestas variarán.; 5. Emmett, Hugo, Boy Scouts; 6. Idaho, Rashad, Snake River; 7. Sierra, Winn Elementary School; 8. Doug, Brookstown Mall; 9. Ms. Hernandez's, Lincoln Memorial, Washington, D.C.; 10. Niagara Falls, Canada; 11. $2.27; 12. $20.40; 13. $45; 14. $7.00; 15. now in progress; 16. information, awareness, understanding; 17. doubt; 18. leaving no room for error, accurate; 19. a kind of lamp; 20. occupation, source of livelihood; 21. worldwide, understood by all; 22. the science and art of farming; 23. to make clearly known

Día 20/Página 41: 1. $3\frac{2}{3}$; 2. $1\frac{1}{8}$; 3. $2\frac{2}{3}$; 4. $2\frac{1}{2}$; 5. $1\frac{3}{4}$; 6. $3\frac{1}{3}$; 7. $1\frac{1}{10}$; 8. $1\frac{3}{7}$; 9. $2\frac{3}{8}$; 10. $2\frac{1}{2}$; 11. $1\frac{4}{5}$; 12. $3\frac{1}{10}$; 13. $2\frac{3}{10}$; 14. $2\frac{1}{8}$; 15. $4\frac{1}{3}$; Los dibujos variarán.; 16.–21. Las respuestas variarán.

Extra, página 46: 1. 55, 11; 2. 50, 10; 3. 20, 4; 4. 40, 8; 5. 30, 6; 6. 20, 4; 7. 90, 18; 8. 50, 10

Extra, página 47: 1. 1:00 P.M.; 2. 1:00 P.M.; 3. 10:00 A.M.; 4. 4:00 P.M.; 5. 10:00 A.M.

Sección II

Día 1/Página 51: Las respuestas variarán.

Día 2/Página 53: 1. 72; 2. 48; 3. 132; 4. 36; 5. 92; 6. 161; 7. 204; 8. 80; 9. 390; 10. 602; 11. F; 12. C; 13. R; 14. C; 15. R; 16. F; Las respuestas variarán. Posibles respuestas: Alice went to the YMCA on Friday afternoon.; Bryson went to the waterpark on Saturday. He went to the library on Sunday.; 17. 2, 3, 4, 5, 6; 18. 3, 40, 4, 50, 5, 60, 6; 19. 2, 18, 4, 30, 6; 20. 6 R9; 21. 6 R36; 22. 6 R24; 23. 9 R11; 24. 4 R6; 25. 5 R8; 26. 9 R33; 27. 4 R12

Día 3/Página 55: 1. 0.25; 2. 0.20; 3. 0.86; 4. 0.37; 5. 0.09; 6. 1.93; 7. 7.15; 8. 15.47; 9. 46.89; 10. 35.06; 11. 625.12; Las respuestas variarán. Posibles respuestas: 12. gorgeous, lovely; 13. hate, abhor; 14. brave, fearless; 15. watch, stare; 16. odd, strange; 17. interesting, enthralling; 18. >; 19. >; 20. >; 21. =; 22. >; 23. <; 24. >; 25. >; 26. <; 27. =; 28. =; 29. <; 30. F, I; 31. I, F; 32. F, I

Día 4/Página 57: 1.–4. . Las respuestas variarán.; La escritura de los estudiantes variará.; 5. a; 6. They make sure that everyone follows the laws of the community to keep people safe.; 7. They put out fires and educate people about fire safety.; 8. The author gives several examples of how different types of people help a community run smoothly.

Día 5/Página 59: 1. 40; 2. 3,600; 3. 5,600; 4. 240; 5. 100; 6. 4,000; 7. 720; 8. 300; 9. 3,000; 10. 400; 11. 560; 12. 3,500; 13. 6,300; 14. 2,400; 15. 3,600; 16. 7,200; 17. 1,600; 18. 6,300; 19. 30; 20. 4,200; 21. 2,400; 22. 280; 23. 90; 24. 1,000; 25. right; 26. crying; 27. boils; 28. saved;

29. bird; 30. grow; 31. eggs; 32. well; 33. abedul; 34. tres; 35. acebo; 36. abedul; 37. café, blanco cremoso, gris oscuro, fresno; 38. arce; 39. Las respuestas variarán..

Día 6/Página 61:

×	1	10	100	1,000
1	1	10	100	1,000
2	2	20	200	2,000
3	3	30	300	3,000
4	4	40	400	4,000
5	5	50	500	5,000
6	6	60	600	6,000
7	7	70	700	7,000
8	8	80	800	8,000
9	9	90	900	9,000

Al multiplicar por cientos se añade un cero.; 1. you're; 2. your; 3. it's; 4. Its; 5. your; 6. Its; 7. b; 8. People gather for a special meal and a reading of Burns's poetry.; 9. La investigación y la escritura de los estudiantes variarán.

Día 7/Página 63: 1. 700 (2 ceros); 2. 390 (1 cero); 3. 9,000 (3 ceros); 4. 36,000 (3 ceros); 5. 6,000 (3 ceros); 6. 4,600 (2 ceros); 7. 56,000 (3 ceros); 8. 250,000 (4 ceros); 9. 54,000 (3 ceros); 10. 132,000 (3 ceros); 11. 420,000 (4 ceros); 12. 5; 13. 2; 14. 1; 15. 4; 16. 3; 17. She is not telling the truth.; 18. Do you think we'll be in trouble?; 19. You do not notice time passing when you are busy doing something you enjoy.; 20. Shanice got right to the point.; 21. He will help out.; 22. 2,691; 23. 1,296; 24. 3,060; 25. 2,001; 26. 3,542; 27. 2,793; 28. 2,993; 29. 4,560; 30. 5,808; 31. 6,256

Día 8/Página 65: tierra; 1. 2,994; 2. 4,249; 3. 4,677; 4. 11,035; 5. 12,979; 6. 3,304; 7. 10,165; 8. 5,785; 9. 2,085; 10. 11,155; 11. 10,020; 12. 2,073; 13. 3, 30, 300; 14. 4, 40, 400; 15. 3, 30, 300; 16. 2, 20, 200; 17. 5, 50, 500; 18. 9, 90, 900; 19. 4, 40, 400; 20. 7, 70, 700; Las respuestas variarán. Posibles respuestas: 21. natural; 22. bold; 23. clockwise; 24. clumsy; 25. common; 26. discourage; 27. wide

Día 9/Página 67: 1. 31 R2; 2. 11 R3; 3. 21 R1; 4. 11 R3; 5. 32 R1; 6. 11 R1; 7. 11 R2; 8. 11 R2; 9. har/ness; 10. live/li/ness; 11. in/flate; 12. ca/ble; 13. glo/ri/ous; 14. wash/ing; 15. pi/geon; 16. ap/ple; 17. jew/el/ry; 18. ma/ple; 19. bi/cy/cle; 20. fro/zen; 21. dif/fi/cult; 22. ten/nis; 23. hap/py; La escritura de los estudiantes variará.

Día 10/Página 69: 1. $\frac{5}{8}$; 2. $\frac{1}{3}$; 3. $\frac{1}{2}$; 4. $5\frac{1}{10}$; 5. $6\frac{2}{3}$; 6. $4\frac{1}{9}$; 7.–10. Las respuestas variarán.; Las respuestas variarán. Posibles respuestas: 11. "How it clatters along the roofs, Like the tramp of hoofs" He compares the sound of the rain and the sound of hoof beats.; 12. It has been a long time since it has rained. He thinks it is beautiful.; 13. He is grateful for the rain, so his tone is joyful. Oh, the rain, the dreadful rain. Gloomy and gray through the window pane.

Día 11/Página 71: 1. 34.5; 2. 2,732; 3. 625; 4. 25,435; 5. 0.17; 6. 980; 7. 459,760; 8. 1,852.6; 9. 1,005.3; 10. 78,287; 11.–13. Las respuestas variarán.; 14. recto; 15. obtuso; 16. agudo; 17. obtuso; 18. agudo; 19. recto

Día 12/Página 73: 1. 3,048; 2. 1,092; 3. 6,336; 4. 5,310; 5. 6,528; 6. 7,000; 7. 6,290; 8. 12,865; 9. 14,616; 10. Lin, Paco, Julie, and Keesha are going to a movie.; 11. Anna took her spelling, reading, and math books to school.; 12. The snack bar is only open Monday, Tuesday, Friday, and Saturday.; 13. Our new school flag is blue, green, yellow, black, and orange.; 14. Many women, men, children, and pets enjoy sledding.; 15. Have you seen the kittens, chicks, or goslings?; 16. a; 17. put seeds in a bird feeder or hang a birdhouse; 18. Las respuestas variarán, pero podrían incluir: What birds like to eat or how they develop over time.; 19. binoculars

Día 13/Página 75: 1. has taken; 2. had noticed; 3. has been; 4. had read; 5. will have earned; 6. had delivered; 7. will have thanked; 8. have been calling; 9. 214 R10; 10. 201 R25; 11. 277 R4; 12. 70 R8; 13. 131; 14. 132; 15. 203 R6; 16. 130 R15; 17. 253 R8; 18. into the pitcher, where; 19. beneath the glossy green leaf, where; 20. across the street, where; 21. during the performance, when; 22. After the game, when; 23. in the stream, where; 24. outside the lines, where; 25. between you and me, where

Día 14/Página 77: 1–5. Las respuestas variarán.; 6. Yes, I will go with you, Tristan.; 7. Wynona, I am glad Zoe will come.; 8. Aaron, do you play tennis?; 9. Yes, I went to the doctor's office.; 10. Raul, do you want to go?; 11. Neyla, what happened?; 12. No, I never learned how to fish.; 13. Mom, thanks for the help.; 14. No, I need to finish this.; 15. Hugo, I found a penny.; 16. Come on, T.J., let's go to the game.; 17. Tell me, Crystal, did you do this?; La escritura de los estudiantes variará.

Día 15/Página 79: 1. 36; 2. 5; 3. 24; 4. 5; 5. 21; 6. 8; 7. 4; 8. 700; 9. 171; 10. 7; 11. 36; 12. 40; 13. "Nate, do you have the map of our town?" asked Kit.; 14. "What an exciting day I had!" cried Janelle.; 15. I said, "The puppy chewed up my sneaker."; 16. "Did you know that birds' bones are hollow?" asked Mrs. Tyler.; 17. She answered, "No, I did not know that."; 18. Wayne exclaimed, "I won first prize in the pie-baking contest!"; 19. "I'm tired after raking the yard," said Sadie.; 20. "I am too," replied Sarah.; 21. a; 22. the instruments they use and the results they find; 23. Everyone learns more about the subjects.; 24. to make sure that you are being safe

Día 16/Página 81: 1. Día de San Patricio; 2. Día de San Valentín; 3. Día de la Independencia; 4. Halloween; 5. Día del Trabajo; 6. enero; 7. Día del Padre; 8. braid; 9. list; 10. moon; 11. world; 12. gondola; 13. spray; 14. flash; 15. certain; 16. genuine, great; 17. terrible, straight; 18. among, awhile; 19. where, weather; 20. junior, journey; 21. remain, refer; 22. feathers, fiction; 23. drawer, detective; 24. holiday, healthy; 25. explore, enormous; 26. but; 27. Both/and; 28. After; 29. Neither/nor; 30. and; 31. Since

Día 17/Página 83: 1. 2; 2. 8; 3. 6; 4. 2; 5. 2; 6. 10; 7. 6; 8. 3; 9. 8; 10. 0; 11. 3; 12. 5; 13. 2; 14. 1; 15. 10; 16. 8; 17. artificial; 18. schedule; 19. exchange; 20. reputation; 21. assistant; 22. genuine; 23. campaign; 24. publicize; 25. A man writes to his brother to try to convince him to come west during the Gold Rush.; 26. Las respuestas variarán. Posible respuesta: The reader might not have such a clear picture of what it was really like to go West in the hopes of striking it rich. 27. He is pleased with his decision and wants his brother to join him.

Día 18/Página 85: 1. <u>Charlie and the Chocolate Factory</u>; 2. <u>The Lego Movie</u>; 3. <u>Where the Sidewalk Ends</u>; 4. "This Land Is Your Land"; 5. <u>Romeo and Juliet</u>; 6. "Afternoon on a Hill"; 7. "Let It Go", <u>Frozen</u>; 8. <u>Miracle on 34th Street</u>; 9. 6; 10. 2; 11. 2; 12. 3; 13. 5; 14. 7; 15.–17. Las respuestas variarán.; La escritura de los estudiantes variará.

Día 19/Página 87: 1.–6. Las respuestas variarán. 7. 1.36; 8. 4.023; 9. 0.5; 10. 0.47; 11. 0.833; 12. 0.12; 0.12, 0.47, 0.5, 0.833, 1.36, 4.023; La escritura de los estudiantes variará.; 13. $\frac{3}{8}$; 14. 2; 15. $\frac{15}{56}$; 16. $2\frac{3}{4}$; 17. $\frac{2}{9}$; 18. $\frac{12}{25}$; 19. $\frac{5}{9}$; 20. $2\frac{1}{4}$; 21. $\frac{8}{49}$; 22. $4\frac{4}{5}$; 23. $\frac{1}{9}$; 24. 7

Día 20/Página 89: 1. ~~recites~~, recited; 2. ~~loved~~, love; 3. ~~met~~, will meet; 4. ~~will dry~~, dried; 5. ~~is~~, will be; 6. ~~was~~, is; 7. $\frac{1}{4}$ del campo; 8. $\frac{1}{5}$ de los autos; 9. $\frac{1}{3}$ de la pizza; 10. $\frac{1}{5}$ de las canicas; 11. a; 12. c; 13. b; 14. a; 15. d; La escritura de los estudiantes variará.

Extra, página 93: 1. a; 2. a; 3. b; 4. a

Extra, página 94: 1. b; 2. Alice Springs; 3. Melbourne; 4. Gran Barrera de Coral; 5. Perth

Extra, página 95: 1. d; 2. c; 3. a; 4. b

Sección III

Día 1/Página 99: 1. Both/and; 2. Either/or; 3. both/and; 4. Not only/but also; 5. Neither/nor; 6. Both/and; 7. a; 8. Greenwich, England; 9. people who study geography and mapmaking and explorers around the world; 10. Las respuestas variarán.

Día 2/Página 101:

```
v o l t a g e a i t q w t n
b r e s i s t a n c e i l k
a h u t w a t t s g y r z b
t e c g j m d x u q k e e v
t y o f h v k u l z b s r h
e f n r o w g d a a q a z x
r u d h n b v f t r e w n s
y j u y u i j m o k i o e p
z i c q w c u r r e n t g l
p g t a m z x s e d c v a m
c l o s e d c i r c u i t j
b g r t t y h n m j u o i u
o l p m a q p o s i t i v e
h y u j l w r y i p k h e f
```

1. 10; 2. $\frac{1}{40}$; 3. $\frac{1}{28}$; 4. 9; 5. 18; 6. $\frac{1}{24}$; 7. 45; 8. $\frac{1}{30}$; 9. $\frac{1}{12}$; 10. 16; 11. 14; 12. $\frac{1}{27}$

July 17, 2015

Dear David,

    Thank you for sending me the pictures from your trip. It looks like you had a great time! Do you want me to send them back?

    Next week, I'm going to Kansas City with my dad. I can't wait!

        Your friend,

        Greg

Día 3/Página 103: 1. (15 – 7) ÷ 2 = 4; 2. (56 ÷ 8) × 4 = 28; 3. (5 × 9) – 12 = 33; 4. (12 ÷ 2) × (3 + 2) = 30; 5. (8 – 1) × (3 × 3) = 63; 6. (24 ÷ 8) + 10 = 13; La escritura de los estudiantes variará.; 7. b; 8. groups of people who feel the same way about one or more issues; 9. Las respuestas variarán.; 10. rose, oak tree, dove

Día 4/Página 105: 1. 10; 2. 80; 3. 10,000; 4. 144; 5. 2; 6. 14,000; 7. 4; 8. 176; 9. 6,000; 10. 20,000; 11. 2; 12. 48; 13. $1\frac{3}{8}$; 14. $1\frac{1}{18}$; 15. $\frac{8}{15}$; 16. $2\frac{1}{3}$; 17. $2\frac{1}{12}$; 18. $\frac{28}{39}$; 19. $\frac{23}{60}$; 20. $1\frac{5}{8}$; 21. $\frac{33}{70}$; 22. células; 23. agua; 24. hierro, calcio; 25. digestivo; 26. circulatorio; 27.–32. Las respuestas variarán, pero podrían incluir: 27. bumpy, smooth; 28. trouble, solution; 29. fascinating, boring; 30. shock, expectation; 31. cheerful, sad; 32. collect, plant

Día 5/Página 107: 1. quietquippers.joke; 2. ruhilarious.joke; 3. 36,959 visitantes; 4. 12,455 visitantes; 5. 9,129 visitantes; 6. 61,593 visitantes; 7. c; 8. the outlines of the continents and seas; 9. important buildings and streets; 10. north, south, east, and west

Día 6/Página 109: 1. 6,843,000; 2. 906,400,002; 3. Novecientos ochenta y seis millones doscientos dieciocho mil trescientos veinte.; 4. Doscientos treinta y cuatro millones ciento ochenta y seis mil dieciocho.; Los poemas variarán.; 5. Las respuestas variarán. Posibles respuestas: He wore tents as diapers. It took a herd of cows to fill his belly with milk. He flooded towns by playing in the ocean.; 6. to entertain; the tone is funny and amusing;

7. Las respuestas variarán.

Día 7/Página 111: 1. $2\frac{1}{8}$ horas; 2. $1\frac{8}{15}$ libras; 3. $4\frac{1}{6}$ tazas; 4. $1\frac{23}{24}$ millas; 5. <u>teknique</u>, technique; 6. <u>migrasion</u>, migration; 7. <u>Febuary</u>, February; 8. <u>impashent</u>, impatient; 9. <u>scisors</u>, scissors; 10. <u>seperate</u>, separate; 11. girl; 12. king; 13. eat; 14. tree; 15. pilot; 16. jar; 17. break; La escritura de los estudiantes variará.

Día 8/Página 113: 1. Unfortunately, the package did not arrive in time.; 2. Although Hannah was near the front of the line, she did not get to choose the book she wanted.; 3. On Saturday, Dad is going to make pancakes for breakfast.; 4. At the corner of Wilcox Road and Pinevale Avenue, there is a fruit stand.; 5. Sadly, we were not able to rescue the baby bird.; 6. In spite of the rain, the festival was a lot of fun.; 7. To get to the pond, take Dragonfly Trail.; 8. First, stretch your arms above your head as far as you can reach.; 9. Los alumnos deben tachar el círculo; 10. Los alumnos deben tachar el cuadrado; 11. Los alumnos deben tachar el cuadrado o el rectángulo; 12. Los alumnos deben tachar el triángulo rectángulo; 13. Los alumnos deben tachar el hexágono; 14. Los alumnos deben tachar el triángulo; 15. Los alumnos deben tachar el trapecio.; 16. because Tiger always keeps his paws clean; 17. The story is told from third-person point of view. It works well for this story because it tells what different people and animals are doing instead of focusing on one character.; 18. Los párrafos variarán.

Día 9/Página 115: 1. Olivia; 2. Isabella; 3. $25; 4. $30; 5. Lonny and Ava; 6. $72.50; 7. <u>un</u>happy; 8. <u>pre</u>heat; 9. <u>bi</u>cycle; 10. <u>re</u>view; 11. <u>mis</u>understand; 12. <u>un</u>known; 13. <u>un</u>cover; 14. <u>uni</u>form; 15. <u>re</u>place; 16. $159.92; 17. $44.22; 18. $142.50; 19. $3.23; 20. $348.81; 21. $7.11; 22. $1,005.12; 23. $57.42; 24. to look forward to; 25. a situation; 26. obvious; 27. easily noticed; 28. a place of shelter and protection; 29. to keep in check; repress

Día 10/Página 117: 1. nutrientes; 2. ejercicio; 3. agua; 4. grupos de alimentos; 5. energía; 6. saludable; 7.–16. Las respuestas variarán;

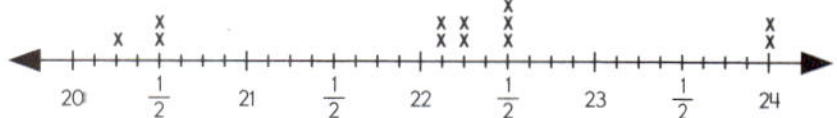

Habrían $22\frac{1}{8}$ cuartos de tierra en cada maceta.; 17. Mrs. Zheng planted zinnias, cosmos, poppies, and bluebells in her wildflower garden.; 18. This week, we have seen cardinals, chickadees, sparrows, and robins at the feeder.; 19. Darius invited Erik, Joey, Roberto, and Sam to sleep over on Saturday.; 20. Please remember to get broccoli, cheddar cheese, orange juice, and bread at the grocery store.; 21. Malia brought watercolors, paintbrushes, and a pad of paper to her art class.; 22. Sadie won a goldfish, a teddy bear, and a plastic bracelet at the carnival.

Día 11/Página 119: 1. 90 pies cúbicos; 2. 36 yardas cúbicas; 3. 60 yardas cúbicas; 4. 15 pies cúbicos; Las respuestas variarán, pero podrían incluir: My friend and I visited Cardiff, Wales. We learned that Cardiff is the capital and largest port of Wales. The city lies on the River Taff near the Bristol Channel. Cardiff is near the largest coal mines in Great Britian.; 5. b; 6. slim, needle-like parts; 7. sunlight, air, water, and minerals; 8. They help attract bees and butterflies, which bring pollen.

Día 12/Página 121: La escritura de los estudiantes variará.; 1. $\frac{3}{10}$ o 0.3; 2. $\frac{9}{10}$ o 0.9; 3. $\frac{8}{10}$ o 0.8; 4. $\frac{2}{10}$ o 0.2; 5. $\frac{4}{10}$ o 0.4; 6. 0.2; 7. 1.1; 8. 6.4; 9. $8\frac{5}{10}$; 10. $\frac{9}{10}$; 11. $10\frac{6}{10}$; Los dibujos variarán.

Día 13/Página 123: 1. B; 2. A; 3. B; 4. A; 5. B; 6. 50; 7. 8,000; 8. 6,000; 9. 12; 10. 8,000; 11. 12,000; 12. 5,000; 13. 17; 14. 4; 15. 12,000; 16. 100; 17. 1; 18. a; 19. San Diego has a very mild climate, and New Orleans is humid.; 20. Climate describes the weather in an area over a long period of time.; 21. Climates near the equator are warmer than those at the poles.

Día 14/Página 125: 1. runs; 2. catches; 3. goes; 4. dove; 5. visited; 6. went; 7. will reac; 8. will show; 9. will wash; La escritura de los estudiantes variará.; 10. a; 11. They are

fuels made from things like vegetable oil and are used like fossil fuels.; 12. Biodiesel burns more cleanly than diesel fuel. Biofuel is a renewable resource.

Día 15/Página 127:

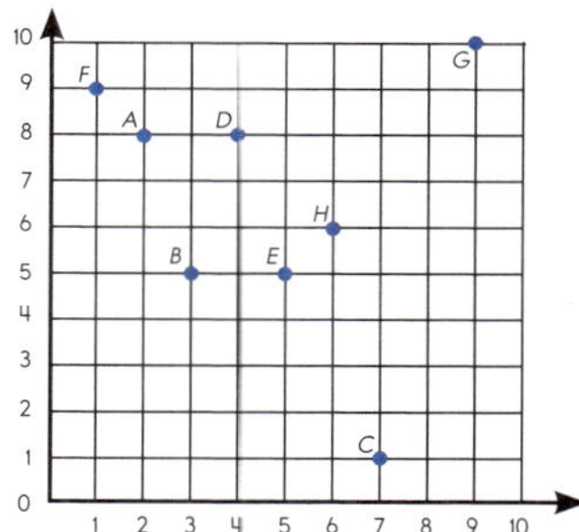

1. M; 2. S; 3. M; 4. S; 5. P; 6. M; 7. P; 8. a; 9. obey the laws of their country, respect the opinions of others, help others in their community; 10. 18 years old; 11. right to a fair trial, right to speak freely, and right to practice any religion

Día 16/Página 129: 1. $15.60; 2. $18.72; 3. $12.22; 4. $11.25; 5. $27.54; 6. $31.86; 7. $119.68; 8. $193.20; 9. Walter; 10. Gerald; 11. Alejandro; 12. Ian; 13. Dad; 14. Betsy; 15. Donna; 16. Tarc; 17. 60 m³; 18. 160 in.³; 19. 41.354 m³; 20. 240 mm³; 21. 38.4 in.³; 22. 384 cm³

Día 17/Página 131: 1. 6 libras; 2. $1\frac{1}{2}$ tazas; 3. $4\frac{2}{5}$ pies; 4. $\frac{21}{32}$ millas; Los párrafos de los estudiantes variarán.; 5. 2 tazas; 6. 60 gal.; 7. 2 gal.; 8. 10; 9. 2; 10. 4; 11. 2; 12. 12; 13. 4

Día 18/Página 133: 1. 55,364.9; 2. 476.82; 3. 208,036.408; 4. 2,101.536; 5. 400,250.086; 6. 37,000,205.111; 7. (1 x 100,000) + (2 x 10,000) + (6 x 1,000) + (5 x 100) + (5 x 10) + (2 x 1) + (2 x $\frac{1}{10}$) + (5 x $\frac{1}{100}$) + (4 x $\frac{1}{1,000}$); 8. (7x 1,000,000) + (5 x 100,000) + (2 x 10,000) + (6 x 100) + (3 x 10) + (4 x 1) + (4 x $\frac{1}{10}$) + (8 x $\frac{1}{100}$); 9. The book was ripped **because** the dog chewed it.; 10. **Because** it was so cold, Betty could ice-skate for only a short while.; 11. I went to bed early last night **because** I was so tired.; 12. **Because** it was raining hard, we couldn't play outside.; 13. The rabbit ran

away quickly **because** it saw a cat.; 14. It was very foggy outside, **so** we could not see the mountains.; 15. **Because** we got to camp too late, there was no time for hiking.; 16. c; 17. items that are produced; 18. books and clothing; 19. activities that people do for one another; 20. teacher and police officer

Día 19/Página 135:

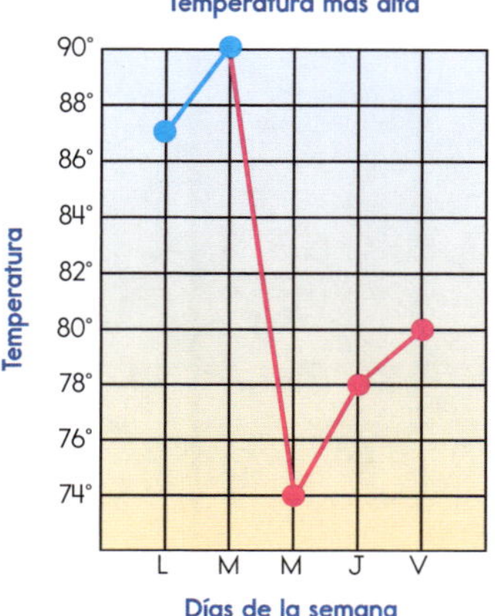

1. Tercera persona; 2. Primera persona; 3. Segunda persona

Día 20/Página 137:

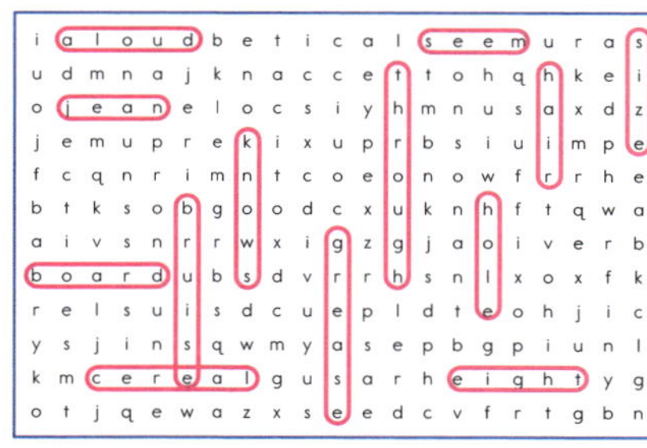

1. a; 2. the citizens of that city; 3. make the laws that everyone must follow; 4. police officers, firefighters, mayor

Extra, página 140: 1. solar; 2. Luna nueva; 3. umbra

Extra, página 141: 1. d; 2. c; 3. c; 4. a

Extra, página 142: 1. d; 2. b; 3. b

Extra, página 143: 1. b; 2. d; 3. c; 4. d; 5. b

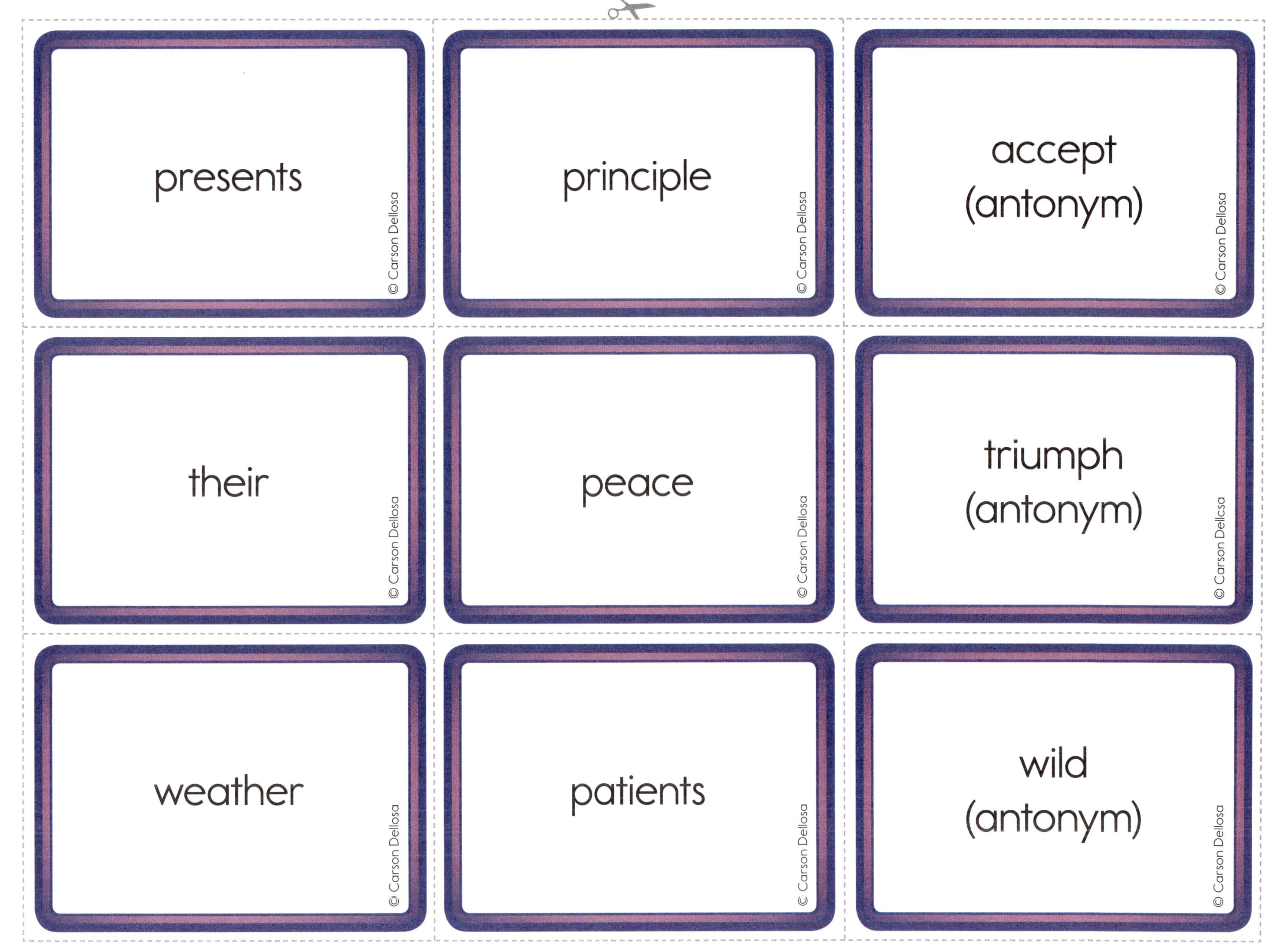

presents
© Carson Dellosa
principle
© Carson Dellosa
accept
(antonym)
© Carson Dellosa
their
© Carson Dellosa
peace
© Carson Dellosa
triumph
(antonym)
© Carson Dellosa
weather
© Carson Dellosa
patients
© Carson Dellosa
wild
(antonym)
© Carson Dellosa

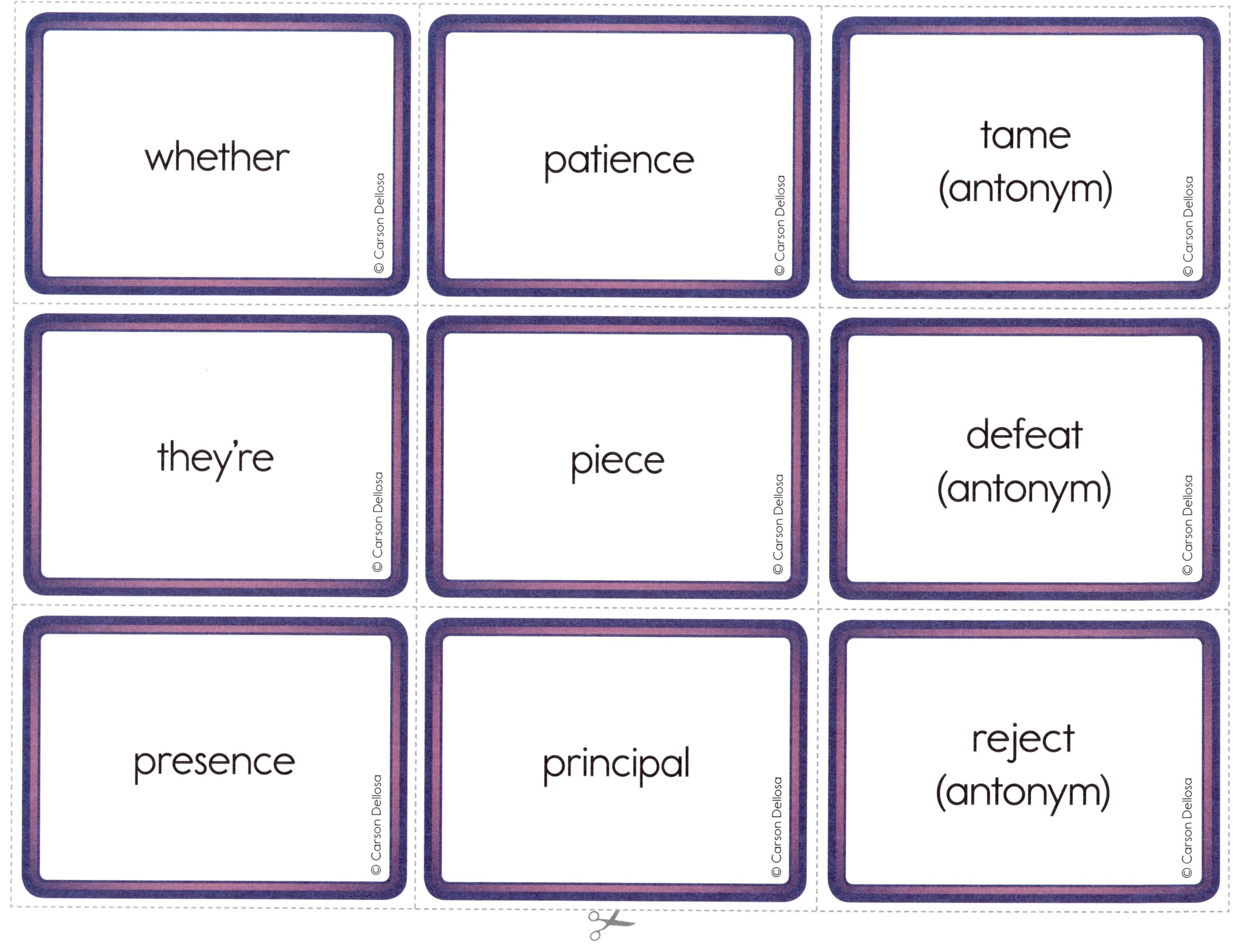
whether
© Carson Dellosa
patience
© Carson Dellosa
tame
(antonym)
© Carson Dellosa
they're
© Carson Dellosa
piece
© Carson Dellosa
defeat
(antonym)
© Carson Dellosa
presence
© Carson Dellosa
principal
© Carson Dellosa
reject
(antonym)
© Carson Dellosa

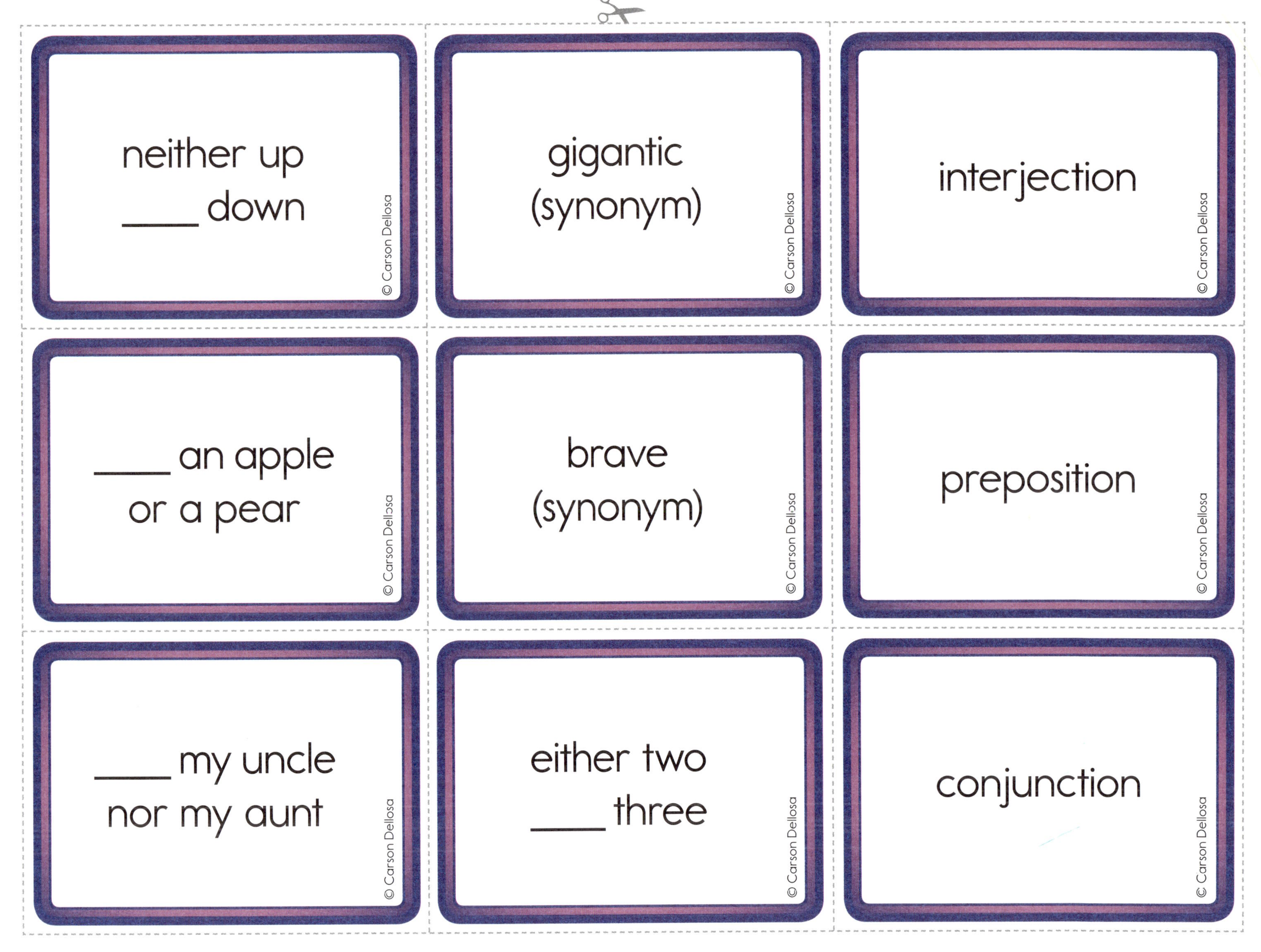

neither up ____ down
© Carson Dellosa
gigantic (synonym)
© Carson Dellosa
interjection
© Carson Dellosa
____ an apple or a pear
© Carson Dellosa
brave (synonym)
© Carson Dellosa
preposition
© Carson Dellosa
____ my uncle nor my aunt
© Carson Dellosa
either two ____ three
© Carson Dellosa
conjunction
© Carson Dellosa

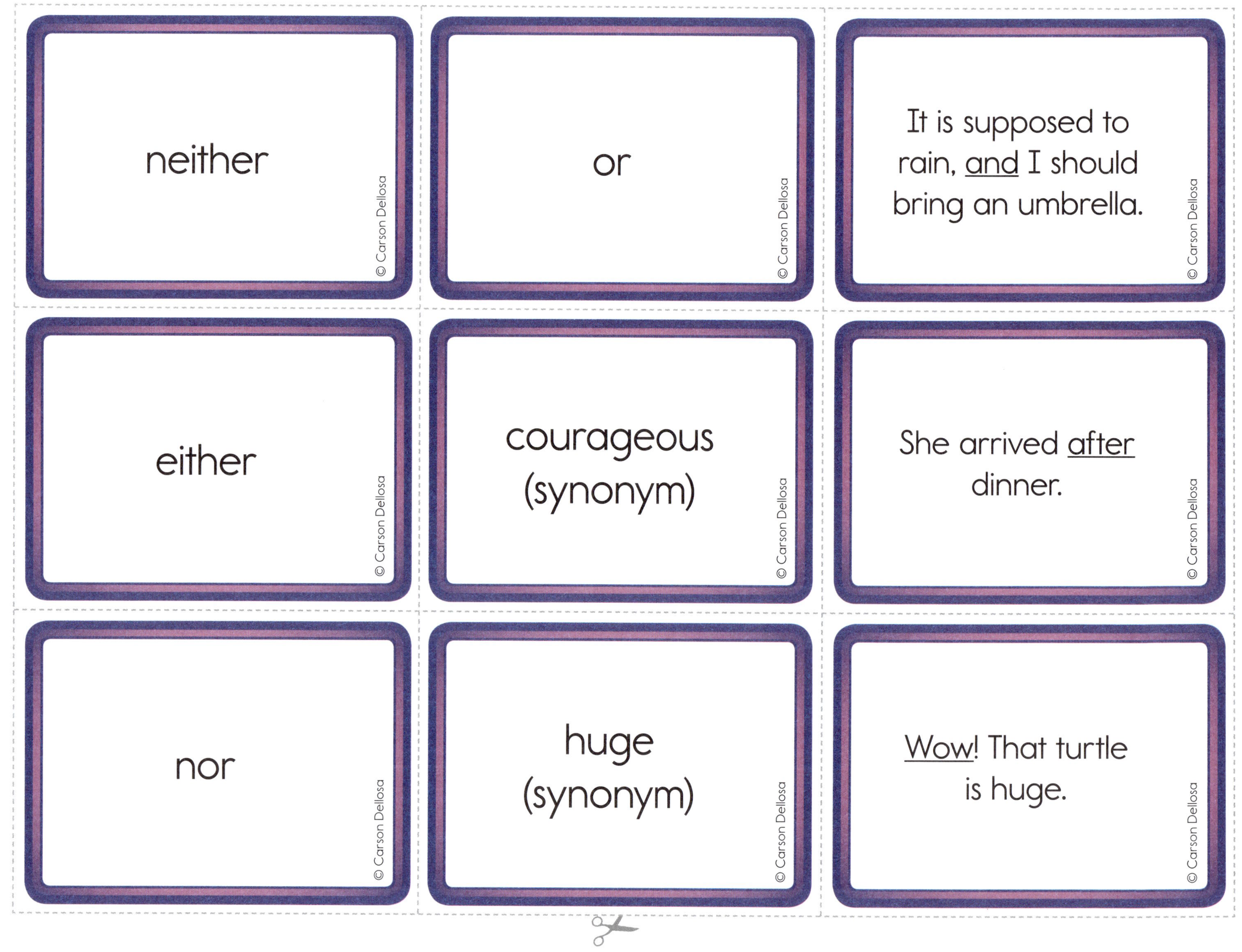

neither
© Carson Dellosa

or
© Carson Dellosa

It is supposed to
rain, and I should
bring an umbrella.
© Carson Dellosa

either
© Carson Dellosa

courageous
(synonym)
© Carson Dellosa

She arrived after
dinner.
© Carson Dellosa

nor
© Carson Dellosa

huge
(synonym)
© Carson Dellosa

Wow! That turtle
is huge.
© Carson Dellosa

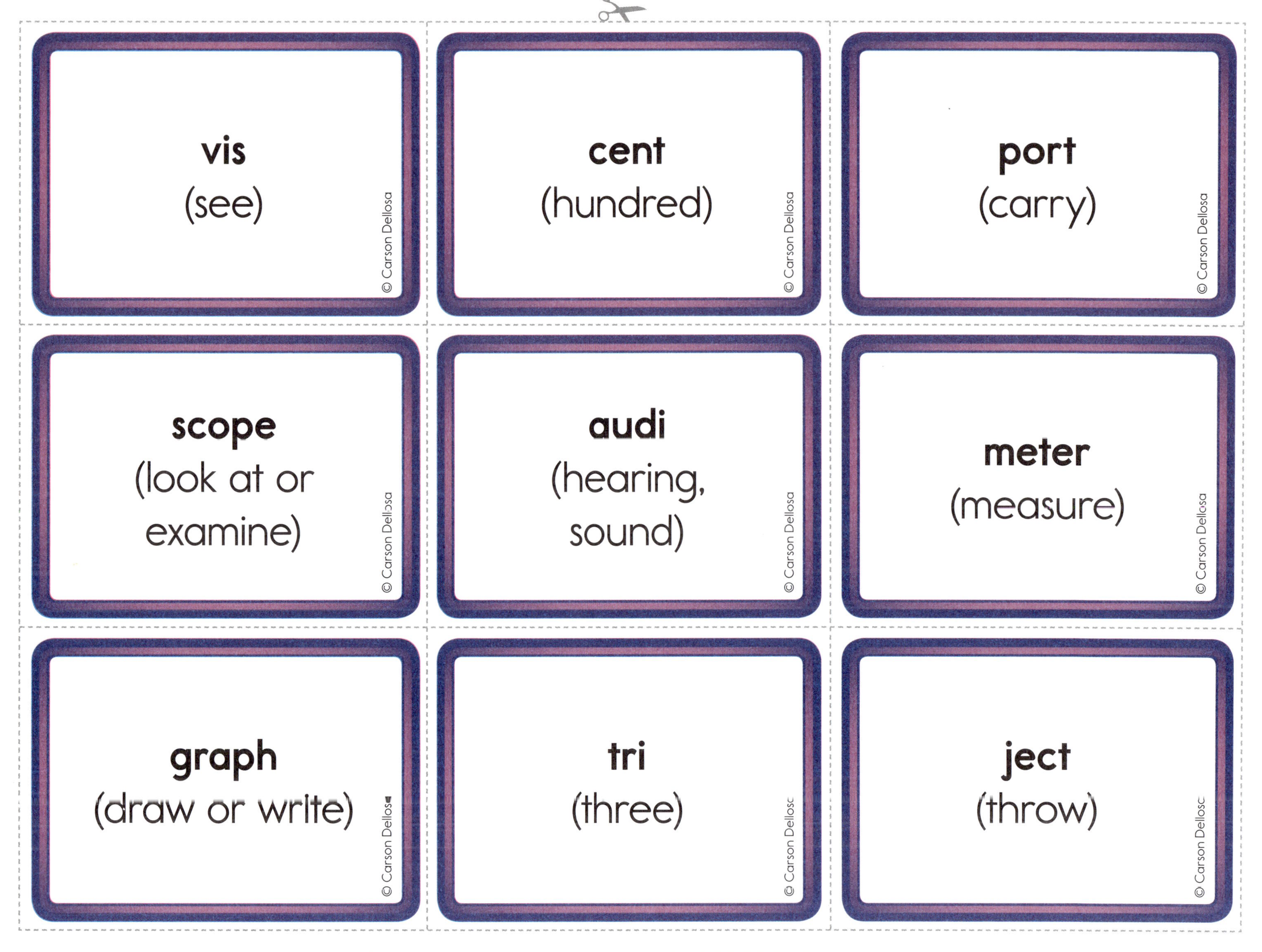

vis
(see)
© Carson Dellosa

cent
(hundred)
© Carson Dellosa

port
(carry)
© Carson Dellosa

scope
(look at or examine)
© Carson Dellosa

audi
(hearing, sound)
© Carson Dellosa

meter
(measure)
© Carson Dellosa

graph
(draw or write)
© Carson Dellosa

tri
(three)
© Carson Dellosa

ject
(throw)
© Carson Dellosa

geography
photograph
phonograph

© Carson Dellosa

triathlete
tricycle
trillion

© Carson Dellosa

projection
inject
objection

© Carson Dellosa

telescope
stethoscope
microscope

© Carson Dellosa

audience
auditorium
audition

© Carson Dellosa

thermometer
perimeter
speedometer

© Carson Dellosa

invisible
visual
supervisor

© Carson Dellosa

century
percent
centennial

© Carson Dellosa

transport
export
portable

© Carson Dellosa

$\frac{1}{2}$ de 8 multiplicado por la suma de 5 y 6.

© Carson Dellosa

El cociente de 24 y 8 multiplicado por 5.

© Carson Dellosa

$10 \times [6 + (30 \div 3)]$

© Carson Dellosa

auto (self)

© Carson Dellosa

12 más que el cociente de 36 y 6.

© Carson Dellosa

9 menos que el producto de 3 y 10.

© Carson Dellosa

rupt (break)

© Carson Dellosa

La diferencia de 20 y 5 dividida por 3.

© Carson Dellosa

La diferencia entre 16 y 5 multiplicada por el producto de 4 y 2.

© Carson Dellosa

(16 – 5) x (4 x 2)

(3 x 10) – 9

$10 \times [6 + (30 \div 3)]$
= 160

$(20 - 5) \div 3$

$(36 \div 6) + 12$

$(24 \div 8) \times 5$

erupt
interruption
disrupt

automobile
autobiography
automatic

$\left(\frac{1}{2} \times 8\right) \times (5 + 6)$

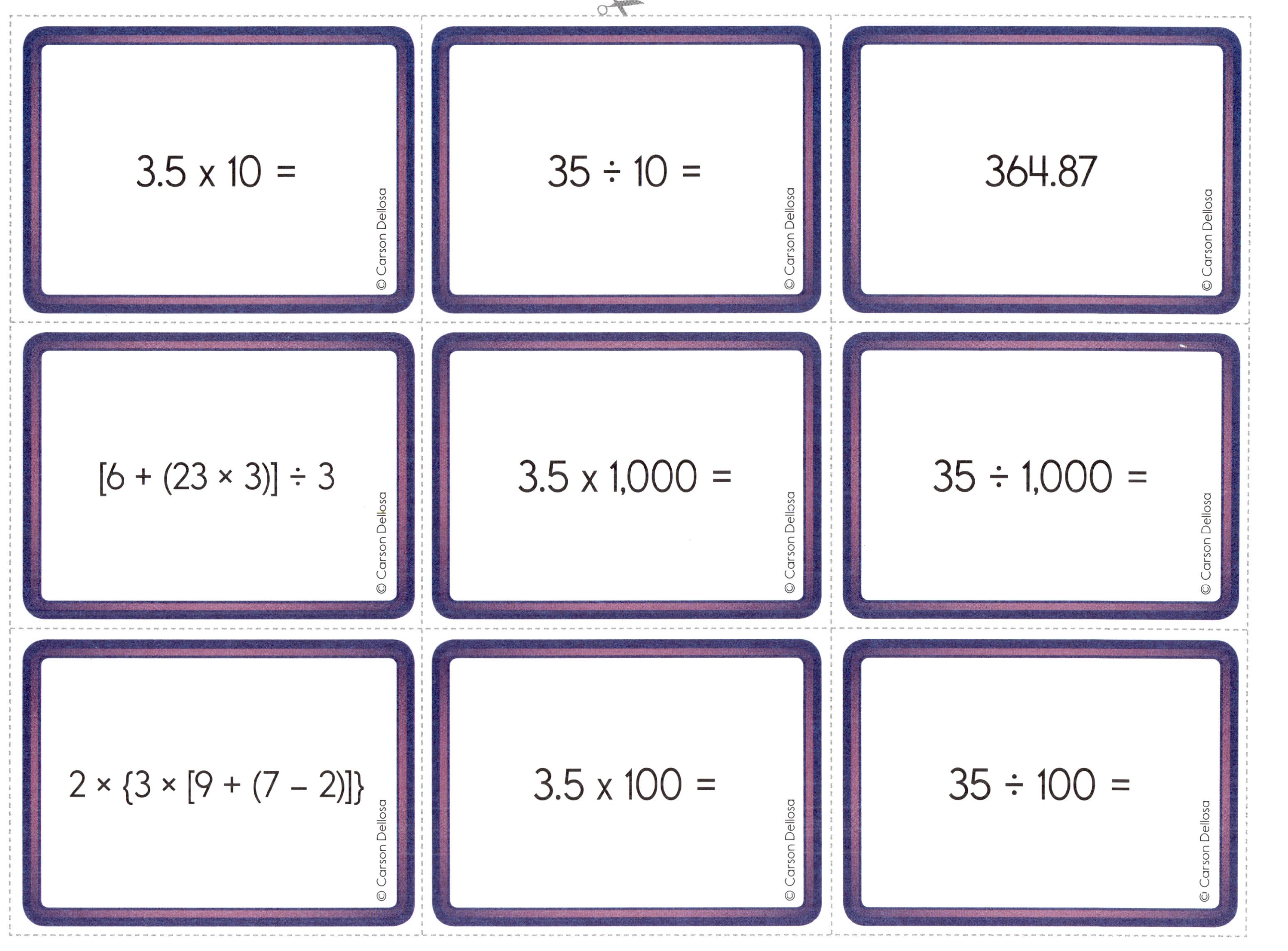

3.5 x 10 =	35 ÷ 10 =	364.87
[6 + (23 × 3)] ÷ 3	3.5 x 1,000 =	35 ÷ 1,000 =
2 × {3 × [9 + (7 − 2)]}	3.5 x 100 =	35 ÷ 100 =

$2 \times \{3 \times [9 + (7 - 2)]\} = 84$

$3.5 \times 100 = 350$

$35 \div 100 = 0.35$

$[6 + (23 \times 3)] \div 3 = 25$

$3.5 \times 1{,}000 = 3{,}500$

$35 \div 1{,}000 = .035$

$3.5 \times 10 = 35$

$35 \div 10 = 3.5$

$(3 \times 100) + (6 \times 10) + (4 \times 1) + (8 \times \frac{1}{10}) + (7 \times \frac{1}{100})$

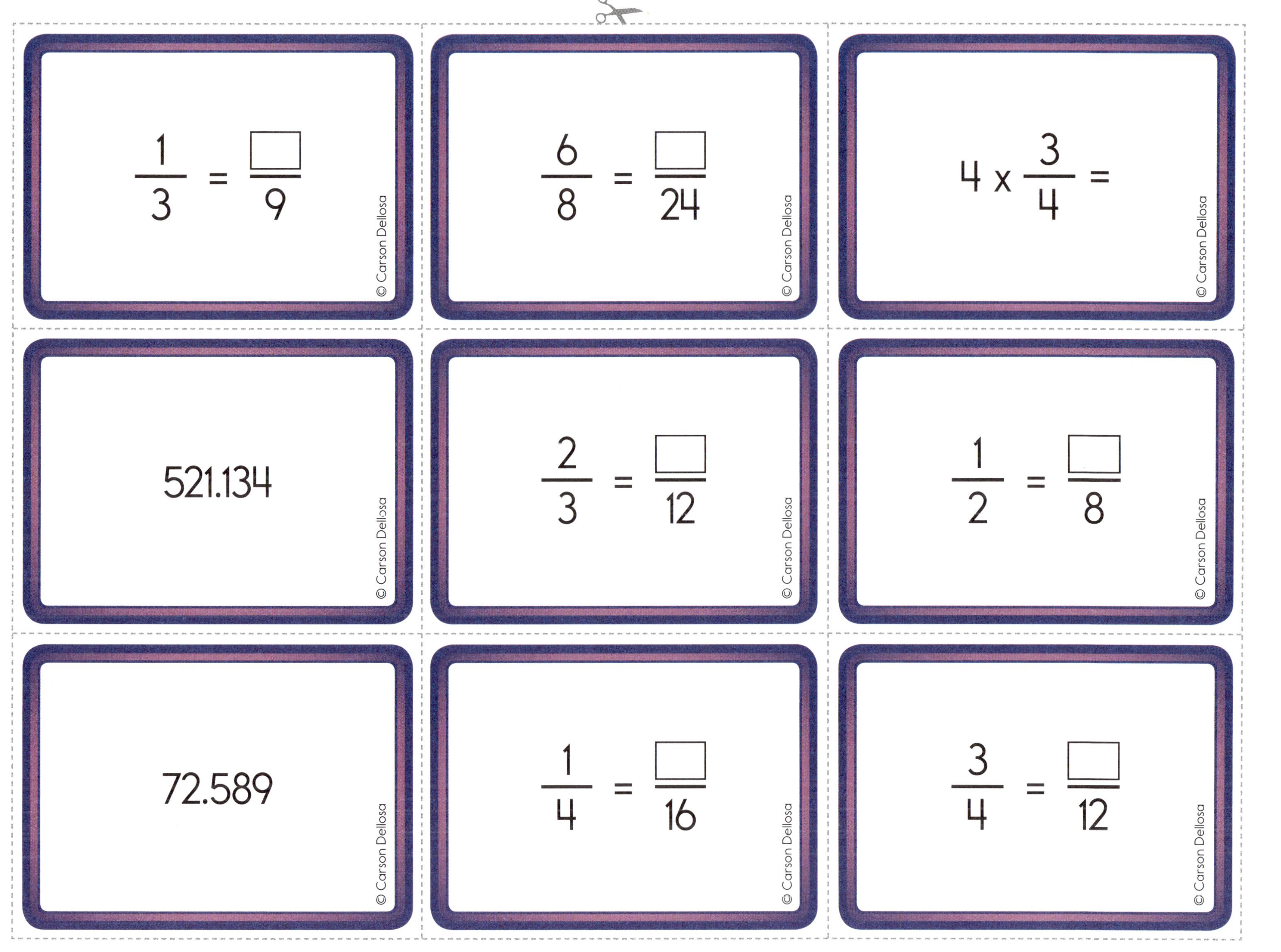
1/3 = □/9
© Carson Dellosa
6/8 = □/24
© Carson Dellosa
4 x 3/4 =
© Carson Dellosa
521.134
© Carson Dellosa
2/3 = □/12
© Carson Dellosa
1/2 = □/8
© Carson Dellosa
72.589
© Carson Dellosa
1/4 = □/16
© Carson Dellosa
3/4 = □/12
© Carson Dellosa

$$(7 \times 10) + (2 \times 1) + (5 \times \tfrac{1}{10}) + (8 \times \tfrac{1}{100}) + (9 \times \tfrac{1}{1000})$$

© Carson Dellosa

$$\frac{1}{4} = \frac{4}{16}$$

© Carson Dellosa

$$\frac{3}{4} = \frac{9}{12}$$

© Carson Dellosa

$$(5 \times 100) + (2 \times 10) + (1 \times 1) + (1 \times \tfrac{1}{10}) + (3 \times \tfrac{1}{100}) + (4 \times \tfrac{1}{1000})$$

© Carson Dellosa

$$\frac{2}{3} = \frac{8}{12}$$

© Carson Dellosa

$$\frac{1}{2} = \frac{4}{8}$$

© Carson Dellosa

$$\frac{1}{3} = \frac{3}{9}$$

© Carson Dellosa

$$\frac{6}{8} = \frac{18}{24}$$

© Carson Dellosa

$$4 \times \frac{3}{4} = \frac{12}{4} \text{ or } 3$$

© Carson Dellosa

$$\frac{2}{3} \times \frac{4}{7} =$$

$$\frac{1}{4} \times \frac{1}{3} =$$

$$\frac{3}{4} \times \frac{1}{6} =$$

$$\frac{5}{8} \times \frac{2}{3} =$$

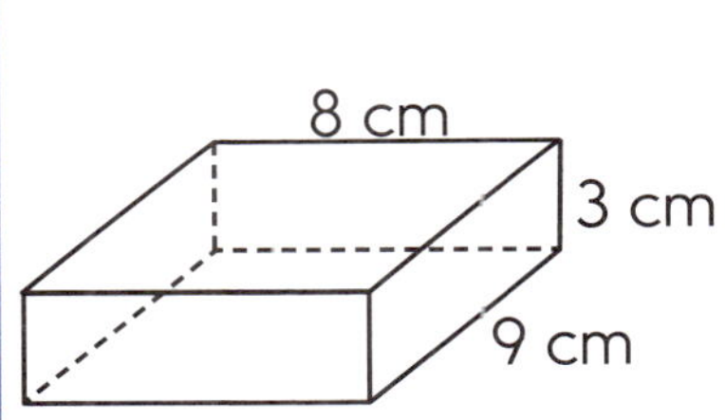

Encuentra el volumen.

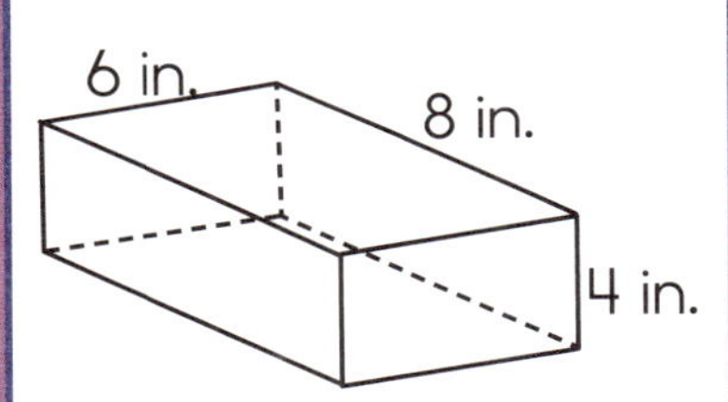

Encuentra el volumen.

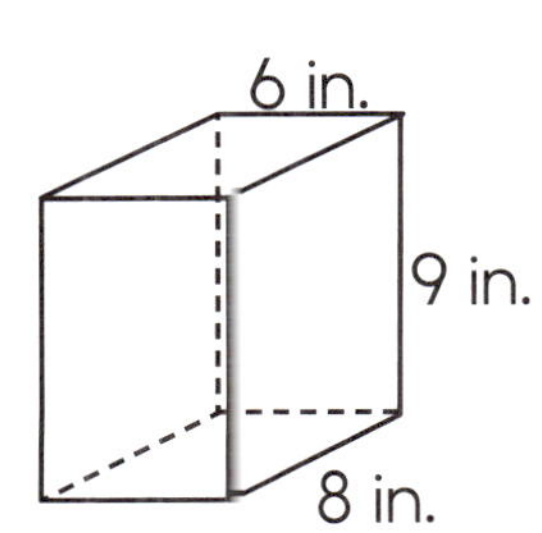

Encuentra el volumen.

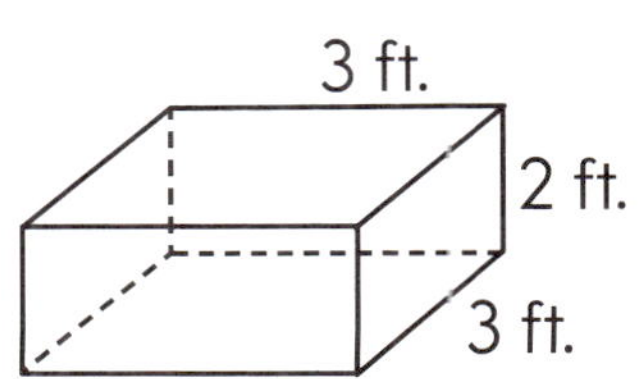

Encuentra el volumen.

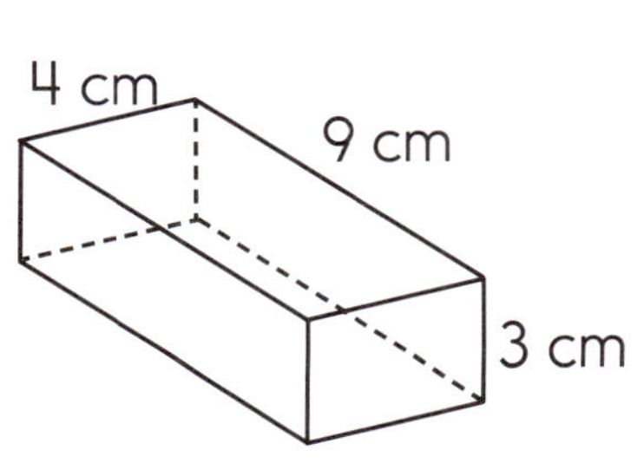

Encuentra el volumen.

$$\frac{2}{3} \times \frac{4}{7} = \frac{8}{21}$$

$$\frac{5}{8} \times \frac{2}{3} =$$
$$\frac{10}{24} \text{ or } \frac{5}{12}$$

Volumen =
432 in. cúbicas

$$\frac{1}{4} \times \frac{1}{3} = \frac{1}{12}$$

Volumen =
216 cm cúbicos

Volumen =
18 ft. cúbicos

$$\frac{3}{4} \times \frac{1}{6} =$$
$$\frac{3}{24} \text{ or } \frac{1}{8}$$

Volumen =
192 in. cúbicas

Volumen =
108 cm cúbicos

Summer Bridge
ACTIVITIES®
PARA HISPANOHABLANTES
¡Felicitaciones!
Se certifica que
Nombre
ha completado Summer Bridge Activities® para Hispanohablantes.
Firma del padre o madre